すぐ結果が出る！

セールストークの「超」基本！70

松田友一

すばる舎

はじめに

売れる営業マンが何を話しているのか、教えます！

話し下手でもグングン売れ出す秘訣とは？

なぜかお客さまが心を開いてくれない……

お客さまに会っても、実のある話ができず、次の訪問につながらない。
ここぞという詰めの場面で、断り文句が続出する。
その結果、成約に至らない……。
こうした悩みを抱えている営業マンは大勢います。

「売れる営業マンは、お客さまと何を話しているのか？」
「どのようなトークなら売れるのか？」

これは、営業研修に参加する方々からよく出る質問の一つです。

私の研修に参加した営業マン・Aさん（25歳）も、そんな一人でした。

元来話し下手で、はじめての訪問時はいつもおっかなびっくり。

自己紹介をした後、お客さまの心をつかもうとそれなりに雑談をしてみるのですが、お客さまの反応は今ひとつ。

しらけた雰囲気の中、おずおずとヒアリングをしてニーズを聞き出そうとするものの、お客さまの警戒心はなかなか解けず、本音を言ってくれません。

そのうち、「では、そろそろこの辺で」と商談を打ち切られてしまうこともあります。

初回訪問から、なかなか次に進めない。効果的なプレゼンができず、時間ばかりたってしまう。こんな状況を繰り返していたのです。

どうしたら、お客さまと信頼関係を築くことができるのか。
どうしたら、商談の内容を深めることができるのか。
どうしたら、お客さまが納得して「買う」決断をしてくださるのか。

本書では、こうした営業現場の悩みを解消し、契約率を上げるための「セールストークの実例」を豊富に紹介していきます。

ご機嫌伺いは不要、単刀直入に行こう

さて、Aさんの初回訪問時のケースについて紹介しましたが、実に多くの営業マンが、その場の空気を和ませ、お客さまの心をつかもうと的外れな努力をしているように見えます。

そもそも、どんなお客さまも、営業マンになかなか心を開こうとはしないものです。

「下手なことを言ったら、売り込まれるのでは？」

「言いくるめられるのでは？」

どのお客さまにも、ちょっとした警戒心があるからです。

こうした状況で、少しばかり雑談したところで、警戒心が解けることはないのです。

一般的に売れる営業マンは雑談が上手、というイメージがあるかもしれません。

しかし、雑談というのは話がはずまなかったり、興味本位の質問をしたりして、お客さまをさらに警戒させるといったリスクがあり、あまりお勧めできません。多忙なお客さまの時間をムダにしてしまうという問題もあります。

その意味で、私はセールス現場の雑談は「雑な話」でしかないと割り切って、お客さまから求められることがない限り、なるべくしないようにしています。

何よりも大事にしてほしいのは、お客さまが納得して「購入したい」「契約したい」と思えるようなトークを即座に展開していくことです。「営業マンは雑談がうまくなければならない」といった思い込みは、かなぐり捨ててください。

では、初めてお客さまに面会したとき、売れる営業マンはどう対応するのでしょう。

……なんと、特別な話は一切しません。

彼らの話は単刀直入です。自己紹介をしたら、すぐに面談の目的や内容について話します。

たとえば、こんなふうに。

「今日お伺いしたのは、このたび改良された○○という商品をご紹介するためです」

「この製品を導入することで、御社の管理コストが大幅に削減されます」

「このまま手を打たなければ、今後データ量が増えたときに対応が難しくなります」

事前にアポが取れている時点で、お客さまは、営業マンの話を聞く態勢がある程度はできています。

下手なご機嫌伺いをして、貴重な時間をムダにすることなく、そのまま本題に入ったほうが、お客さまと対等な立場で、建設的な話をすることができるのです。

一見するとシンプルなトークに見えますが、実はお客さまの視点に立った有用な方法であり、私が20年以上に渡り、延べ20万人以上の営業マンにお伝えし、成果を生み出してきたトークの一例でもあります。

お客さまの情報で重要なのは「価値観」

もちろん、一方的に売り込むのではなく、ある程度話をしたら、お客さまに感想をたずねます。

「ここまでの説明で、疑問に感じる点や、こうだったらいいのにと思う点など、ありませんか?」

これは、お客さまの利益を優先して考えている営業マンならではの対応です。

ここが売れるかどうかの分かれ目なのです。**売れる営業マンは、お客さまが求めていることを、勝手に推測したりしません。**的外れな提案をしては元も子もないからです。

徹底して、お客さまを理解することに努めます。

また、売れる営業マンほど、お客さまの「ポリシー」「心情」「価値感」を知ろうとします。

たとえば、お客さまがゴルフをするなら、それは何のためか。趣味、付き合い、健康など、同じ行動をとっていても目的は人によって違います。それに合わせて、営業マンの提案の仕方も変えていくことが求められます。

あるいは自動車の購入を考えているなら、そのお客さまは自動車の何にもっとも価値を感じるタイプなのか。価格、実用性、ステイタスなど、これも聞いてみなければわかりません。

これは決して「雑な話」ではありません。こうしてお客さまの情報を得ることで、より的確な提案をすることができるのです。

これで「売れるトーク」がバッチリ身につく!

昔のクロージングに重きを置いたトークと違い、現在のセールストークは「お客さまを理解する」ことへの比重がはるかに高くなっています。

お客さまと信頼関係を築き、ニーズを喚起することに、セールス全体の7割の時間があてられるほどです。

お客さまをうまく言いくるめて買わせたり、こちらのペースにのせて決めさせるための道具と考えているうちは、見向きもされません。

営業マンの姿勢を見て、「誠実だ」あるいは「自分のことを親身になって考えてくれている」と感じれば、お客さまは自ら心の扉を開けるのです。

商談には、お客さまが納得したうえで「買う」決断をしていただくためのステップがあります。通常、プレゼンテーション、断り文句への対処法、クロージングという流れで進みます。

本書では、それぞれ「3つの質問」、「6つの対処法」、「5つの積極トーク」として、効果の高いセールストークを紹介しています。具体的には次のような内容です。

・3つの質問

お客さまが心を開きやすいように、3つのステップを踏んで、お客さまのニーズを喚起していきます。

・6つの対処法

お客さまの「断り文句＝商品購入への不安」とも言えます。お客さまが不安を感じやすい6つのパターンを知り、その払拭に努めます。

・5つの積極トーク

お客さまは確実に正しい決断をしたいと思っています。お客さまの味方となり、最善の決断をしていただけるようにサポートしていきます。

営業マンが適切な商品やサービスの提案を行うためには、お客さまと問題を共有しなければなりません。お客さまの言いなりになるだけでは、お客さまを不安にさせたり、納得のいく買い物をしていただけないこともあるからです。

最初は棒読みの営業トークでも大丈夫。

お客さまの目標達成のお手伝いをする心構えで、営業トークの技術を磨くことが、売れる営業マンになる近道なのです。

目次

2章 確実に勝率を上げる「飛び込み」のアプローチ

1回目の訪問のポイントとは？

3章

プレゼンテーションは「3つの質問」でうまくいく！

お客さまが納得する手順がある

4章 お客さまが断る「6つの理由」を突破しよう

「反論」への答えはバッチリ

5章

クロージングの決め手「5つの積極トーク」とは？

決断に導くタイミングはココ！

6章 契約成立後は見込み客を得るチャンス

お客さまが途切れない秘訣とは？

装丁――鈴木大輔（ソウルデザイン）
レイアウト・挿絵――草田みかん

1章

このトークで「アポイント」が一気に増える！

まずはパターンを押さえよう

NO.1

アポ取りは朝の一時間を大事にする

外出が多いお客さまもつかまりやすい

〝電話でアポイントを取る〟とは、商品やサービスを求めるお客さまに情報提供するため、リストをもとに電話をかけて、面談の約束を取り付けることです。

顧客開拓は営業の根幹をなすため、一日の活動時間のなかでもっとも優先順位の高い仕事です。アポイントが取れないうちは、お茶を飲んだり、仲間と雑談したり、ゆっくり昼食をとっている時間は、なかなかないかもしれません。

ですから、慣れないうちは早めに会社に行き、目標とするアポイントが取れるまで電話をかけ続けましょう。

外出が多いお客さまも朝一番であれば在席している可能性が高く、アポがグンと取りやすくなります。朝の一時間でかなり違いが出てくるはずです。

面会する人が毎日決まっていることほど、やりがいを感じることはありません。

一日のタイムスケジュールの流れ（例）

AM	6:00	
	7:00	出社
	8:00	アポ取り
	9:00	
	10:00	本日のアポイント確認
	11:00	お客さまと昼食
	12:00	
PM	1:00	アポイントを取った訪問先へ
	2:00	
	3:00	
	4:00	
	5:00	
	6:00	
	7:00	見込み客開拓
	8:00	帰社・オーダー整理

Point

朝一番のアポイント取りで
効率的な訪問ができる

No.2

電話でいきなり売り込んでいませんか？

「○○してください」はNGワード

アポイントを取るということは、電話で面会の約束を取り付けることです。ところが多くの営業マンは勘違いをしています。面会の約束を取り付けるはずが、いつの間にか商品を売り込もうとしてしまっているのです。

なかには目標を達成したいという焦りから「何とか、説明する時間を取っていただけませんか」などと無理強いする人もいますが、これではお客さまのNOを誘発しているようなものです。

基本的に、「～していただけませんか」「～してください」という言い回しは、営業マン本位な印象を与えるので使わないようにします。**「ご都合はいかがでしょうか」などと言い方を工夫しましょう。**

アポイント取りとは、「お客さまに重要な情報を提供するために」面会の約束を取り

電話でアポイントを取るときのマナー

面会の約束を取り付ける

「時間を取ってほしい」などと無理強いをしない

社名を名乗るのが基本

営業マンは会社の代表者。個人名を名乗るなど、
お客さまを引っかけるような電話のかけ方はしない

電話は前置きの言葉が肝心

「お忙しいところ失礼いたします」
「いつもお世話になっております」など

Point

**商品を売り込もうとする姿勢は
決して見せないこと**

付けることです。これを踏まえると、心構えがグッと変わってくるでしょう。

事前に話すことをリストアップしよう

電話でアポイントを取るときは、お客さまに「会ってみてもいいかな」と思ってもらうことが大切です。お客さまは受話器を通して、営業マンの表情やエネルギーを敏感にキャッチしますので、自信をもって話せるようにしましょう。

事前に商品やサービスがどのようにお客さまの役に立つかをリストアップし、アイデアを膨らませてから電話をかけます。すると、声のトーンも自然に弾み、表情も生き生きしてくるでしょう。相手が見えないからといって冴えない表情で電話をかけると、暗い印象を与えてしまい好感をもってもらえません。

アポ取りが苦手な方は、電話の前に鏡を置いて、どんな表情で電話をかけているのかチェックしてみてもよいでしょう。また、小型のボイスレコーダーなどを置いて録音しておくと、アポイントを取っているときの自分のトークをチェックできます。

電話を介しているとはいえ、初めてお会いするお客さまです。ベストの状態でアプローチする習慣を身につけましょう。

電話で感じよく話すには？

電話をかける姿勢に気をつける
猫背で電話をかけると、声がくぐもる。
背筋を伸ばして姿勢を正す

声の出し方に気をつける
疲れた声や覇気のない声は出さない。
明るく元気な声で

話すスピードに気をつける
日常的に話しているスピードよりも、心持ちゆっくり話すと、
相手も聞き取りやすい

言葉づかいはビジネス用語で
挨拶する場合は「いつもお世話になっております」など。
依頼するときは「恐れ入りますが」「お手数ですが」など

Point

声の響きは“心の表れ”
明るくハキハキ話すこと

No.3

新規のお客さまへのアプローチ法

シーン別の3つの対応策

新規顧客にアポイントの電話をかけるのはきつい仕事です。八割方断られると考えてもよいでしょう。

相手が忙しい場合には「いらないよ」とすげなく切られたり、「今、忙しいんだよ」と怒鳴られることもあります。こういった断られ方をしていくと、しだいに暗い声になりがちです。しかし、これではさらにお客さまに煙たがられてしまいます。

やはり、**第一声は弾んだ明るい声で自己紹介をすることが大切です**。

爽やかに挨拶されれば、相手も「はい」と答えやすくなります。「はじめまして」と切り出してもよいですし、初回であっても、「いつもお世話になっております」と表現してもOKです。

なお、**お客さまがNOと言えないように絶え間なく話し続けるなど、不自然な言動は、**

不信感をもたれてしまいます。

お客さまの反応を丁寧に聞き取りながら、適度なスピードで話しましょう。

▼はじめて電話をかける場合の切り出し方

まずは、新規のお客さまに初めて電話をかける場合に、何をどのような順番でお話しすればいいのかを見てみましょう。最初の接点での基本的な対応策です。

①自己紹介は簡単に&断られたときの対応も考えておく（→実践例37ページ～）

「初めてお電話を差し上げます。私は○○会社の佐藤と申します。今、1、2分、お時間をいただいてもよろしいでしょうか」

自己紹介の直後に「営業電話はたくさんだ」と断られることも多いですが、すぐに電話を切ってはいけません。「忙しい」と言われたら都合のいい日時を聞くなど、ここで〝小さなクロージング〟をしておくことで次の展開につなげやすくなります。

⇦

②面談のメリットを伝える（↓実践例43ページ〜）

「本日お電話したのは、私どもの技術を駆使して、御社のコストを最低30％削減できるアイデアを提供できることになったからです」

自社製品やサービスをさりげなくアピールします。これを利益説明と言います。

⇩

③顧客の感度を確認する（↓実践例47ページ〜）

「コスト削減に関して、最小のコストで最大の効果を得られるアイデアがあります。必ず興味をもっていただける情報だと思います」

アポイント取りでは、自社をＴ－ｕｐ（尊重する）しながら、同時にお客さまを尊重するトークを展開するのが理想的です。お客さまが「そういうことなら我が社でも実施している」などの反応を示せば、「さすがによくご存じです」と尊重しながら、どのようなサービスを利用しているのか現状を尋ねていきます。

⇩

電話のアポイント取りのフローチャート

①自己紹介をする

断られる

「時間がない」「必要ない」
「資料を送ってくれればいい」
「今すぐでなくていい」など

想定内の断り文句への対処法

（37ページ）

②面談のメリットを伝えるトーク

（43ページ）
「聞かなければ損をする」と思わせる
VIP対応で「特別な情報だ」と感じさせる

③「脈あり反応」への対応トーク

（47ページ）
「今のままで十分だよ」と言われたら？

④それでも断られたら、機会を改める

④それでも断られたら……

なお、ここまで話しても「必要ないよ」という返事が返ってきたら、その日は無理に約束を取り付けようとしないことです。クレームの原因になるからです。

「お忙しいところ失礼いたしました。また機会をみてご連絡いたします」

と挨拶し、電話を切ります。

▼何度も電話をかけている場合の切り出し方

何度も電話をかけている場合でも、自分の名前と会社名をきちんと名乗ります。「先日は」などと述べることで、少しは話をしている間柄ということを強調できます。

さらに「先日はありがとうございました」、「お時間を取っていただいて感謝しております」と挨拶すると親しみをもたれます。

①お礼の言葉で親近感をわかせる

「私、○○会社の佐藤と申します。○○部長でいらっしゃいますか。先日はお電話でご対応いただき、ありがとうございました。先日お話しした資料を作成いたしましたので、ご説明に伺いたいと思っています。ご都合はいかがですか」

②何度も電話をかけていて、かけづらい場合

「何度もお電話を差し上げてすみません。どうしても早めにお伝えしたい情報がございまして」

「どうかうるさい営業マンだと思われませんように」

▼紹介者がいる場合の切り出し方

お客さまからご紹介していただいた方に電話をする場合は、次のように挨拶します。

①誰からの紹介なのかきちんと伝える

「初めてお電話を差し上げます。○○会社の佐藤と申します。□□様でいらっしゃいますか。□□様の学生時代の同級生の△△様から、ご紹介していただきました」

「□□部長ですか。私、御社の系列の○○会社の○○社長からご紹介いただきまして、お電話しております。今、3、4分、お時間よろしいでしょうか」

②紹介者の話としてお客さまをほめる(紹介者とのつながりをアピールできる)

「非常にご多忙でご活躍していらっしゃると○○様から伺っております。非力ではございますが、お役に立ちたいと思い、お電話を差し上げました」

「○○部長様」のように、肩書きに「様」をつけるのは間違いです。つける場合は「部長の○○様」という表現で。

No.4

想定内の断り文句にはこう対応する

失礼がないように食い下がるには？

電話のアポイント取りでは「ＯＫ」と言われることのほうが珍しいものです。当然いろいろな断り文句が出てきます。

断り文句に対応する場合は、言葉尻にとらわれず粘り強く質問しましょう。次の営業につながるような、望みのある展開になっていくことが多くあります。

というのも、お客さまが断る本当の理由は「不安」であることも多いからです。会って話をすることで、「弱みや無知につけこまれるかもしれない」「その場で決断を迫られるかもしれない」と多くの人は感じます。だから会うのを避けようとします。

したがって、お客さまから断り文句が出たら、

①インパクトのある利益説明をする（↓お客さまに会う価値があると感じてもらう）

②お客さまの都合のよい日時に改めて電話をする（↓お客さまを優先する姿勢を見

せる）

③目的は営業ではなく資料を通じた情報提供であることを伝える（→安心してもらう）

という3つの方向で対応していくことが基本になります。

「時間がない」と言われた場合

断り文句の中で多いのが「時間がない」という理由です。「最初から聞く気がない」、「タイミングが悪いので電話をかけ直したほうがよい」という二つに大別できますので、感度を探りながら適切にアプローチします。

①「1分だけでも」と食い下がる

「それでは1分だけでも、よろしいでしょうか」

1分だけと言われれば、たいてい話を聞くものです。この場合は、必ず時間内にまとめ、もう一度、時間のあるときに話をしたいと伝えます。

②それでも断られたときの対応

まずは電話をかけてもよい日時を尋ねます。

「それでは、ご都合のよい時間をご指定ください」

「いつ頃なら、予定が確定しますか」

それでも「時間がない」と言い続ける場合は、無理にアポイントを取らないでください。信頼関係を損ねてしまったらおしまいです。

「それは残念です。また、機会のあるときによろしくお願いいたします」

「それでは、改めてお電話させていただきます」

と、次の営業につながるように電話を切ります。

「必要ない」と言われた場合

基本的には、「時間がない」と同じように、本当に必要ないと感じているのか探っていきます。嫌味のない程度まで食い下がってみます。

無理やり話を進めるのではなく、いったん「わかりました」というニュアンスで、お客さまの言葉を受け止めましょう。そのうえで、また連絡する旨を伝えるのがポイントです。

①何とか説明しようと試みる

「それでは残念ですが、いずれ必要になるときの備えとなるよう、5分だけでもあらすじをお話しできればと存じますが」

②次につながるよう、約束を取り付ける

「資料に目を通していただいた頃に、改めてお電話いたします。資料をご覧になれば、よい評価をいただけると信じております」

「最初は、皆さんそうおっしゃいますが、百聞は一見にしかずです。近くまで行った際には、ぜひ立ち寄らせていただきたいと存じます。お手間は取らせませんので、よろしくお願いします」

「資料を送ってくれればいい」と言われた場合

送った資料を確実に見ていただくためには、フォローも必要です。

①資料の送付後、連絡する旨を伝える

「直接、ご説明したい箇所がいくつかございます。ご不明な点がございましたら、お気軽にご質問ください。また連絡させていただきます」

「最初は、皆さんそうおっしゃいます。資料をご送付しても、開封してご覧いただく手間を考えると恐縮です。非常に重要な情報をかいつまんで説明いたしますので、資料が到着してから2日後ぐらいに、また連絡してもよろしいでしょうか」

②「伺って説明したい」とアピールする

「そちらのほうに出向く用件がございます。資料がお手元に届いた頃に、伺わせていただいてもよろしいでしょうか」

「今すぐでなくてもいい」と言われた場合

顧客は、商品購入を検討してもリスクの方が大きいと感じています。「リスクが少なくなる」と実感できるように働きかけると効果的です。

検討時期を尋ねてみる

「承知いたしました。ご検討いただく時期が早いということですね。いつ頃ならよろしいでしょうか」

「ご多忙のところ、大変失礼いたしました。検討していただくのは、いつ頃がよろしいでしょうか」

「今すぐでなくてもよいということですね。ということは、いずれは検討してみようという気持ちがおありなのですね。それはいつ頃でしょうか」

面談のメリットを伝えるトーク

お客さまに期待感をもってもらうコツ

電話でのアポ取りで重要なのは、お客さまに「面談の趣旨」を説明し、メリットを理解してもらうことです。これが〝最初の利益説明〞です。面談の実現に向けて、お客さまが期待感をもつように、情報を整理して短く伝えましょう。

「聞かなければ損をする」と思わせる

毎日、何本も受ける電話の中で、お客さまの心を動かすには、

- **〝聞いたほうが得である〞と期待させる利益説明**
- **〝他の電話とは違うエネルギー〞を感じる張りのある声**

で堂々とアプローチすることです。

お客さまが、商品に自信をもっている営業マンから購入したいのは当然です。

営業マンが「必ず満足してもらえる」と確信していることが、受話器の向こうのお客さまの心を引きつけます。

①会わなければ機会を逃す、と感じさせる

「この度、数量限定、弊社の『○○システム』の情報を、特別に厳選させていただいたお客さまにご紹介しております。お早めにご検討いただければと存じます」

②面白そうだと興味をもたせる

「今回のお話は新しい○○の保険商品の情報です。これはさらにリスク保全にお役に立てる、ある意味、画期的なものです。保険料も現在ご加入のものとあまり変わりません。ぜひ一度、伺わせてください。ご都合のよい時間はありますか」

「今日は、システムのランニングコストを二分の一に削減できる画期的なアイデアがあり、ご連絡を差し上げました。十分で結構です。一度お邪魔しますのでご説明させてください」


「特別に厳選させていただいた」は、既存のお客さまへの言い回し。新規のお客さまには警戒心をもたれかねないので注意してください。

電話をかける前に、お客さまにとってメリットになるキーワードを3～4つほどノートに書き出しておくと、実際に話すときに伝え漏れを防ぐことができます。

たとえば、保険には「リスク保全」「資産運用」「外部留保」といったメリットがあります。これらはお客さまのフックになるもので、トークに盛り込んでおくことで、どれかに興味をもってもらいやすくなるのです。

VIP対応で「特別な情報だ」と感じさせる

お客さまは、自分を特別に大事にしてくれていると感じたり、自分に誰よりも早く情報を伝えてくれているとわかると、面会に心が動きやすくなります。

このような気持ちを呼び起こすには、

「いち早くお届けしたい情報があります」

「すでにご承知のことではないかと思いましたが」

などと先方を尊重するように持ちかけると効果的です。

特に前者は、「一番に情報を知ることができる」というアプローチに弱い人間心理を、うまく突いた言い方といえます。

①「そこまで言うなら聞いてみたい」と思わせるよう大胆にアプローチする

「大変お忙しいところ、突然のお電話で恐縮です。というのも、○○様にいち早くお届けしたい情報があり、矢も盾もたまらずにお電話を差し上げた次第です」

「本日、業務の効率化を進める際に、大変お役に立つシステムについて、ひと言、ぜひ○○様のお耳に入れたいと思いまして、お電話を差し上げました」

②「お客さまは情報通」というスタンスで臨む

「すでにご承知のことと存じますが、これからは、失業率が約○%という先行き不安な時代です。私たち一人ひとりが、起業家精神をもってビジネスに臨む必要があります。そこで、私どもが自信をもって提供しておりますノウハウの情報だけでもお伝えしたいと思い、お電話を差し上げました」

「脈あり反応」への対応トーク

「今のままで十分だよ」には二つの意味がある

アポイントを取るときに気をつけたいのは、〝脈あり反応〟を聞き逃さないことです。

たとえば、「今のままで十分だよ」とお客さまに言われたら、脈はないと考えるのが普通です。

しかし、その後で、

「何を試みても一緒じゃないか」

「そんなにおいしい話はないだろう」

と言われたらどうでしょう。

実際には、今まで以上によいやり方があれば知りたい、と感じている可能性が高いのです。つまり、脈ありということです。

こういうケースでは、適切にアプローチすれば、お客さまのニーズを喚起できます。

自社の商品を使えば必ず問題を解決できると訴えましょう。

問題の解決策は必ずある、と思わせる

顧客「今のままで十分だよ。何を試しても一緒じゃないか」

営業「これまでに、営業マン向けのトレーニングを導入されたことはありますか。それはご期待に応えるものでしたか」

顧客「実は、前に試したことがあったんだけど、うまくいかなくてね……」

営業「弊社は、生産性が向上したという実績を多数つくって参りました。どうぞ安心して、私どものサービスがどのように役立つのかお聞きください。今週前半と後半でしたら、どちらかお時間を取れますか。十分で結構です」

2章

確実に勝率を上げる「飛び込み」のアプローチ

1回目の訪問のポイントとは?

No.1

最初の壁の越え方

「自分のマーケット」は必ず見つかる

新入社員時代、一日一〇〇件を目標にお客さまを訪問したことがあります。

しかし、それで売れるほど甘くはなく、結果の出ない日々が何ヵ月も続きました。黙々と、上司に言われた通りに飛び込み営業を続けたのです。

そんななか、ある質屋さんに飛び込み訪問をしたときのことです。

「こんにちは。〇〇自動車の松田です！」

いつものように元気よく訪問しました。すると案の定、

「毎日、次から次に来る営業マンの話を聞いてたら仕事にならない」

と取り合ってもらえません。

ほかの営業マンから「気むずかしい人だよ」と聞いてはいました。

しかし、若さゆえの反骨精神もあったのでしょう。私は負けるものかと自分に言い

聞かせ、ご主人の目を見ながら、提供したい商品についてしっかり話し続けたのです。

すると、「こんな営業マンは見たことがない」と興味がわいたのか、話を進めるうちにご主人が次第に耳を傾けてくれるのがわかりました。相づちを打ちながら話に聞き入り、その日のうちに自動車の販売契約をしてくださったのです。

これが、はじめての契約でした。しかも、この後たくさんのご紹介もいただきました。

それ以来、**訪問しやすいお客さま（対応が友好的なだけ）は、必ずしも訪問すべきお客さま（ニーズが顕在化していて、アプローチ次第ではニーズが喚起できる）とは限らない**ことが肌でわかったのです。

やがて、親類を頼らず自力で開拓し続け、自分の「マーケット」を手に入れることができるようになりました。営業の世界は公平です。熱心に数をこなしていけば、ゆくゆくは大きなマーケットを手に入れることができるのです。

効率よくお客さまに会う3つの方法

アポイントなしで、相手先に直接訪問して担当者に会うのが〝飛び込み訪問〟です。

飛び込み訪問数は業種によっても異なりますが、一日、三〇～一〇〇件が目安です。

数多くの実践を通して、さまざまなタイプのお客さまへの対応能力が磨かれます。

訪問先を決める際は、主に次の3つの方法が採られています。

□ローラー作戦（ブルドーザー作戦）

軒並み訪問のこと。地域を限定して各戸をしらみつぶしに訪問していきます。効率はあまりよくありませんが、数多く訪問することで、いろいろなケースに直面できるため営業に対して自信がわきます。

□パラシュート作戦

オフィスビルや中規模以上のマンションを、最上階から最下階まで訪問する方法です（中規模マンションとは総戸数が五〇〜一〇〇戸未満のマンションを指します）。

□業種別訪問

特定地域の一定業種にマーケットを絞って訪問する作戦。営業資料や顧客リストの入手を主目的にして訪問するため、簡易カタログや名刺（一箱〜二箱）を用意します。

毎日一定数のお客さまに会って営業力を鍛えていきましょう。

飛び込み訪問の種類

ローラー作戦（ブルドーザー作戦）
軒並み訪問のこと。
地域を限定し、しらみつぶしに訪問していく

パラシュート作戦
中規模以上のマンション及びオフィスビルの最上階から最下階まで訪問する

業種別訪問
マーケットを絞って、特定地域にある、一定の業種のみを直接訪問する

Point

数をこなした人から自分の「マーケット」を手に入れる

NO.2

キラリと光る「自分の印象」も売り込もう

企業訪問では第一印象が重要なカギを握ります。よい印象をもってもらうために、服装、言葉遣いなどに細心の注意を払いましょう。主な注意点は次の通りです。

第一印象で失敗しないために

□身だしなみ……ビジネスマンとして清潔感のある外見か、鏡でチェックしよう
□態度……お客さまの気分を害することがないように、ビジネスマナーを見直そう
□言葉遣い……ビジネス敬語の使い方に気をつけること
□自信……商品知識は必須。「今日、契約していただくぞ」という気持ちで臨もう
□ツール……名刺入れ、営業資料はあるか、カバンの中身を調べておくこと

〝失礼のない＆印象に残る〟名刺の渡し方

初回訪問では、まず受付や担当者などに名刺を渡すことになります。相手より先に名刺を出し、相手が読める向きに利き手で持ち、もう一方の手を添えて差し出しましょう。

そのとき、「○○会社の佐藤太郎です」と社名と名前を名乗ります。読みづらい字の場合は、「○○と読みます」と付け加えてもよいでしょう。

なお、先方が同時に名刺を出したときには、相手の名刺を先に受け取ります。

また、すぐに捨てられる名刺なのか、残される名刺なのかを決めるのがトークです。名刺を渡すときに「よろしくお願いします」と言った後で、「机の片隅にでも貼っておいてください。必ずお役に立つ日が来ます」など一言添えると、お客さまの笑顔を誘い、好意的に受け取ってもらえるはずです。

また、会社の知名度が低いような場合には、「札幌駅から歩いて3分のセンタービル内にあります」などと、具体的に話すことで印象に残ります。

名刺の正しい受け方、渡し方

名刺入れから名刺を取り出し、正しく持つ
名刺は、相手が読める向きにして、文字が印刷されていないところを利き手で持ち、もう一方の手を添える

名刺を渡す
会社名と名前を名乗り、相手の目をしっかり見ながら、相手の胸元に名刺を差し出す

相手の名刺を受け取る
差し出された高さのままで、受け取り、その場で目を通す。「頂戴します」などと一言加えるとよい

Point

**印象に残るのは
礼儀正しく誠実な営業マン**

担当者によって、アピールポイントを変える

メリットを的確に伝えることが、担当者の心に残るコツです。強調したほうがよいポイントは、担当者の立場によって次のように変わりますので参考にしてください。

□企業のトップ及び経営者の場合

扱う商品やサービスが、会社に対してどのような利益や効率を与えられるかに興味がありますので、重点的にアピールします。

□中間管理職の場合

生産性はどのくらい上がるのか、コストはどのくらい削減できるか、という点で購入を検討します。担当者の業績にどれだけ貢献できるかを具体的にアピールしましょう。

□一般的な社員の場合

商品の使用感や使い勝手のよさを気にします。快適さ、便利さなどを訴えましょう。

売り込み方で先方に与える印象がガラッと変わりますので、慎重に行きましょう。

受付でのトーク&担当者に会ったときのトーク

受付では詳しい用件は伝えない

企業訪問をしても、はじめから担当者に会えるわけではありません。まずは、受付などで取り次ぎを頼む必要があります。

受付で話すときには、堂々と、担当者あるいは決定権者に会いたい旨を伝えます。なお、受付の係の人は商談相手ではないので、用件を伝える必要はありません。ぞんざいな応対にならないよう気をつけながら、トークを展開していきます。

①社名と氏名を名乗る

大きく口を開けて、明るくゆっくり挨拶しましょう。

「はじめまして」

「いつもお世話さまでございます」

②面会を申し込む

「近くまで参りましたのでお伺いしました。○○部部長の○○様はいらっしゃいますか」

③面会理由を尋ねられたときの応対

「お近くまで参ったものですから、○○様のお顔を拝見したいと思いまして」

「突然、お約束もなくお伺いしましたが、○○社の佐藤太郎と申します。名刺と資料だけでもお渡ししたいのですが、よろしいでしょうか」

④断られたときの応対

「そうですか。本日お知らせする情報は、他社でもとても喜ばれているのですが」

受付の人の独断で断ってしまうと、あとで困るのは御社の担当者の方ですよという意気込みで話します。自信のある態度が、相手の心を揺さぶります。

「切り出し」は必ず自己紹介から

担当者に取り次いでもらっても、すぐに面談室に通してもらえるとは限りません。立ち話程度の挨拶をしているときに心をつかむ必要があります。

このときに、「お話を聞いていただいてもよろしいでしょうか」などと要求しては、お客さまを警戒させてしまいます。売り込む商品が、お客さまの役に立つものかどうかを確認してから用件を切り出しましょう。「NOニーズ、NO営業」が鉄則です。

初回訪問では、インタビューしながら、面談の必要性を感じてもらうようにアプローチしましょう。

①自己紹介をしてから、お客さまの出方を伺う

「はじめまして、○○会社の佐藤太郎と申します。よろしくお願いいたします」

と相手の顔を見て笑顔で挨拶し、名刺交換をします。

さらに、次のようにアプローチします。

「今、お使いの製品の調子はいかがでしょうか。不具合はございませんか」

「私どもは○○製品を扱っております。こうした商品について、どのようなイメージをおもちですか」

「現在、△△が社会問題になっておりますが、御社ではこうした事態に対して、どのような対策を立てていらっしゃいますか」

②用件を切り出す

「本日お邪魔したのは、○○のご提案のためです」

と、基本的にストレートに話します。

このときには面談時間を伝えて、お客さまの心理的負担を軽くするとよいでしょう。

「10分ほどお時間をいただき、製品のイメージをつかんでいただけたら幸いです。お時間を取っていただけますか」

なお、①の切り出しトークでお客さまが全く興味を示さない場合には、「次の面会の約束」を取り付けるトークに変えて日を改めます。

企業訪問で断られたときのトーク

話を聞いてもらう約束を取り付ける

お客さまは、ふとしたことを契機に商品の必要性を感じることがあります。「そういえば、○○の在庫が切れていたな」などと思い出して注文をする場合もあります。したがって、話を聞いてもらう機会をいかに増やしていくかが重要になります。いったん断られても、よい意味で熱心に食い下がることで、お客さまが話を聞く姿勢を整えてくれます。

「会議中で忙しい」と言われた場合

担当者の都合がつくまで待つことで、面談の機会を得られないか聞いてみましょう。

①会議が終わるまで待つと言う

「お忙しいところ申し訳ございません。それでは会議が終わるまで、待たせていただいてよろしいでしょうか。会議が終わるのは何時頃でしょう」

②それでも断られたら、都合のよい日を聞く

「失礼いたしました、また改めて伺います。○日の△時頃はいかがでしょうか」

「今から外出するところ」と言われた場合

「それでは、1分ぐらいならよろしいでしょうか」

と尋ねてみます。もし断られたら、

「それでは、別の日に改めます。○日の○時ぐらいに伺ってもよろしいでしょうか」

具体的な日時を指定して約束を取り付けます。

「またにして」と言われた場合

「それではまた伺います。いつ頃がよろしいでしょうか。お顔だけでも拝見できてよかったです」

「いずれ、電話をして伺います。御用がございましたら、ぜひお電話ください」

「またにして」という言葉は２つの意味に解釈できます。「今日は都合が悪いので別の日時にしてほしい」という意味と、「いつ来ても断るつもりだ」という意味です。

見込みのない顧客にアプローチをしても時間の浪費ですので、お客さまの反応を探りながら、この辺を見極めるようにします。

「買い換えたばかり」と言われた場合

せっかくの機会なので、すぐ諦めないでお客さまの情報を収集しましょう。

①購入メーカーを尋ねてみる

「どちらのメーカーですか。差し支えなければ、値段を教えていただけますか」

②お客さまの役に立つ一台だとアピールする

「もう少し早くお伺いすればよかったです。そちらの商品も評判はよいようですが、我が社の商品は、より機能的になりました」

営業マンとしての品位を疑われるので、他社の悪口は言わないこと。諦めずに売り込むことで、次回はこの営業マンから買ってもいいなという気にさせることができます。

③製品情報を尋ねて、話の糸口をつかむ

「それはよかったです。営業マンにしてみれば、お客さまに喜んでいただくことほど嬉しいことはありません。ところで、その製品は何年ぐらいご使用でしょうか」

さらに「使い心地はいかがでしょうか」と尋ねながら、お客さまのニーズを聞き出していきます。

「買って失敗した。うちには不要」と言われた場合

「それは残念です。どちらの商品ですか。どういった点に問題があったのでしょう」

と、まずは問題点を聞き出します。そこで、

「自社の製品は○○の点で優れている」

ということをアピールします。

いずれの場合も、断りの常套句には、プラスのアプローチで返答していくことがポイントです。

No.3

個人宅へは意表を突くアプローチを

ドアオープン率を高める秘訣

個人宅を訪問する場合には、インターホン越しに挨拶しなくてはなりません。

「私は○○会社の松田と申します。この度、この地域を担当させていただくことになりましたので、ご挨拶に伺いました。ぜひ、お渡ししたい資料がございます」

などとドアを開けてもらいやすいように話します。

「挨拶に伺いました、私に3分だけ時間をください。3分で帰ります」

と話してもよいでしょう。1分だと真実味がなく5分だと長い印象を与えるからです。

しかし、これで話を聞いてくれるほど、個人宅への飛び込み訪問は簡単ではありません。

私がカーセールスをしていたときは、意表を突くようなアプローチを心がけました。

どうしても会いたいと思うお客さまには、車のワイパーや家のドアに名刺を挟み、ちょっとでも動かすと落ちるように仕掛けておいたものです。お客さまの中には、もの珍しげに電話をかけてくださる方もいらっしゃいました。

お客さまのガレージの前にデモカーを止めて待ち伏せし、「これでは駐車できないよ」と話しかけてこられたときに、「すみません。どうしてもお会いしたいと思っておりまして……」などと営業したこともあります。

玄関からインターホンを押して訪問するときも、意表を突くトークを練りました。「○○自動車から参りました、松田と申します。車のピットイン点検に伺いましたので、車のキーを貸していただけますか」

人の車のカギをどうするのだ、と不思議に思った方はかなりの確率でドアを開けてくださり、お会いすることに成功しました。個人宅へのアプローチでは、お客さまと出会う確率を高めることで、契約のチャンスを広げていく必要があるのです。

こうした方法について、「そこまでしなくても」と思われるかもしれません。けれども、お客さまと会って話をしないことには始まりません。

お客さまと顔を合わせて話をするための工夫を続けることで、商談のチャンスは生まれるのです。

●個人宅への訪問で断られたときのトーク

必ず痕跡を残して立ち去ろう

個人宅への訪問では、インターホン越しに、断られることが多いのも事実です。あまりしつこすぎても嫌がられますので、上手に切り上げましょう。

▼「忙しい」と言われた場合

日時を改めて再訪問するようにします。

①次回、訪問すると予告する

「また伺いますので、そのときにはよろしくお願いいたします。近くまで参ったときには寄らせていただきます」

「出直して参ります。いつ頃なら、ご都合がよろしいでしょうか」

②商品パンフレットなどを置いていく

「また伺います。ポストに商品パンフレットと名刺を入れさせてください。今後ともよろしくお願いします」

▼「間に合っている」と言われた場合

「ご意見を伺いたい」と言いましょう。顧客情報をその場で出来る限り入手します。

「今日は営業ではなく、お話を伺いたいと思って参りました。2、3分のお時間をいただけますか」

「PRを兼ねて伺いました。お客さまのご意見を伺うために、ご近所を回らせていただいております」

私の場合はカーセールスをしていたので、「誰が、いつ、どんな車種を、どのくらいの予算で、なぜ、どのように」購入しようとしているのかをリサーチしていました。お客さまのニーズを把握することで、次回の訪問時の営業に活かすようにしたのです。

再訪問したときのトーク

前回とは視点を変えた提案が効果的

営業マンは断られるのも仕事のうちです。1回の訪問で成功することはめったにないため再訪問が必要になります。ただし、やみくもに訪問しても時間を無駄に使うだけなので、見込み客を絞り込んでから訪問を開始しましょう。

このとき、以前と同じようなアプローチで成功する見込みは低いため、

①訪問時間を変える

②後押ししてくれる人を探す

③別の商品を勧める

など視点を変えてアタックします。

初回訪問はお客さまの特性を知るための情報収集の場。2回目以降の訪問で、初回にメモした内容をもとに、効果的な提案をできるようトーク内容を練っておきます。

再訪問するときの注意点

初回訪問より、よい印象を与える

▼お客さまの心をつかむために、「先週はお忙しいところ大変失礼いたしました」などと、爽やかに挨拶する

前回と同じ質問を繰り返さない

▼「いいかげんだな」と思われないよう、訪問前に「前回の営業状況」を確認しておこう

未解決だった「懸案事項」をお知らせする

▼「前回、○○○についての情報がご入り用だとおっしゃっていたので、お持ちしました」などと知らせてもよい

Point

「小さな約束」を確実に守るには メモの習慣が必須!

3章

プレゼンテーションは「3つの質問」でうまくいく！

お客さまが納得する手順がある

No.1

お客さまは「自分の言葉」に説得される

お客さまに購入後の夢を話してもらおう

プレゼンテーションとは、お客さまのニーズを聞き出して、願望実現のお手伝いをすることです。お客さまは、「商品を手に入れたら、どのように役立つか」を具体的にイメージできたときに購入したいと考えます。

車を買う場合を考えてみましょう。利便性や快適さやステイタスなど、自分が求める利益が手に入ると知ったときに、お客さまはお金を払います。

ですから、営業するときには、「**お客さまの望んでいることを聞き出し、購入後の利益をイメージしてもらい、営業マン自身のペースで進めること**」を心がけてください。

同じ車種でも使う人によって感じるメリットはさまざまです。自宅で使うのか、仕事で使うのかでも購入後のイメージの描き方は異なります。

私はカーセールス時代、お客さまに「何のために車を買いたいのか」についてじっくり話を聞きました。質問するときには、人間関係もしっかり築いておきます。お客さまを緊張させないムードをつくることで、心のうちを素直に話してくれるからです。

夢が実現した状態をイメージするのは楽しいものです。**お客さまの想像力をどこまで広げられるかは営業マンの腕の見せどころ**。

ゴルフの好きなお客さまには、ゴルフ場に車で意気揚々と向かうイメージを描いていただく。自営業のお客さまには、商売が繁盛し、多くの得意先を車で駆けまわるという楽しいイメージを描けるようご提案しました。

「早く納車にならないかな」とワクワクしながら契約していただいたものです。

営業マンは、8割聴いて2割だけ話す

プレゼンテーションを成功させるには、お客さまに自分のニーズに気づいてもらうことが出発点になります。

ニーズとは、お客さまが対価を払ってでも満たしたい要望や願望を指します。

詳しく説明すると、ニーズは、潜在ニーズ（漠然とした不安や欲求を抱えている状態）と顕在ニーズ（明確に欲求があると認めている状態）とに分かれます。

お客さまが自分の願望にはっきり気づいていない段階で商品を売り込んでも、購入にはつながりませんので、「解決するべき問題がある」と気づかせる——つまりニーズを顕在化する——働きかけが必要になります。

この働きかけが、効果的な質問をしながらお客さまの話をじっくり聴くことです。

〝8割聴いて2割話す〟と心得ておくとよいでしょう。

とはいえ、話すのは「技術」、聴くのは「器」と言われるくらい、「聴く」行為には営業マンの人格特性が大きく影響します。営業マンの役割はカウンセラーと同じです。じっと耳を傾け、お客さまの望みをかなえてあげる気持ちが大事なのです。

ひと昔前は、お客さまの思いや考えに対して、「それは間違っている。この商品を使うべきだ。信じなさい」と営業マンが自分の意見を押しつけるケースが、よく見受けられました。

しかし、現在では、「お客さまがそう考えるのはもっともだ。では、何を求めているのだろう」というふうに、お客さまの考えを尊重する姿勢で臨むようになっています。

「お客さまは、他人に説得されるよりも〝自分の言葉〟に説得されたい」からです。

プレゼンテーションにおいて、これは最大のポイントといえます。

この4つの自信でトークが見違える

注意が必要なのは、**お客さまを支援する気持ちは大切ですが、言いなりになってはいけない**ということです。

会社の経営者のように、ステイタスの高い方がお客さまになると、ついおじけづいてしまい、「契約できるかな……」と悩むかもしれません。

しかし、心配は無用です。**お客さまは、信頼できる営業マンから商品を買いたいと考えているのですから、お客さまのお役に立てるというプライドをもちましょう。**

お客さまは「お客さまに喜んでほしい」という思いがこもったプレゼンテーションに巻き込まれていきます。お客さまの話を真剣に聞く、最善の提案をするなど、営業マン自身の姿勢も商品価値の一つなのです。表面的なトークをして「上手い」と思われても、「心打たれた」ということにはなりません。

「一回のプレゼンテーションは人生の縮図」＝「営業マンの生き方の象徴」と言われるほど、プレゼンにはその人の生活態度や仕事へのこだわり、自信などが表れます。

そこで、プレゼンテーションの前提として、次の「4つの自信」をもつように日々心がけてください。

①職業に対する自信

営業に対する健全な自信をもつこと。医者と同じようにお客さまの問題を診察して処方箋を出すのが仕事。

②会社に対する自信

営業マンは組織の代弁者。会社に対する信頼がトークの歯切れをよくする。

③自分に対する自信

毎日努力を積み重ねているのだから、上手くいかないわけがないと確信すること。

④商品に対する自信

自分が扱う商品がお客さまの問題解決には最適であり、利益・高配当をもたらすと確信すること。

これらが、プレゼンをパワフルにし、お客さまが営業マンのトークに力強さを感じる源になります。

「4つの自信」をもとう

「会社」に対する自信

営業マンは、組織の代弁者。会社に対する信頼感がトークの歯切れをよくする

「職業」に対する自信

営業に対する健全な職業観をもとう。医者と同じように、お客さまの問題を診察して処方箋を出すのが仕事

「商品」に対する自信

「お客さまの問題を解決するためには、自分が扱う商品が一番で、お客さまに利益、高配当をもたらす」と確信すること

「自分」に対する自信

「自分はNO. 1営業マンであり、毎日努力しているのだから、上手くいかないわけがない」と思うこと

No.2

プレゼンテーションは4つのパートでできている

核になるのは〝3つの質問〟

プレゼンテーションを成功させるには、「オープニングトーク」や「ニーズを喚起する質問」など、決まったトークの「型」があります。

以下の流れを見てください。プレゼンテーションは、大きく次の4つのパートで区切られます。

①お客さまの聞く姿勢をつくる
⇩
「オープニングトーク」（83ページ）
世間話などで緊張感をほぐしながら、お客さまの注意を引き、商談に没頭できるようセットアップしていきます。

②お客さまのニーズを喚起し、問題解決の必要性に気づかせる〝3つの質問〟をしていく

⇩ **「ウォンツ」を尋ねる質問（95ページ）**

⇩ **「今取り組んでいる対策」を尋ねる質問（103ページ）**

⇩ **「その対策で効果が出ているか」を尋ねる質問（109ページ）**

お客さまが自分のニーズに気づけるように質問しながら、商品を売り込む下地をつくります。

③お客さまに最適な提案をする

⇩ **「商品説明」（114ページ）**

商品やサービスをほしいと感じてもらえるよう、商品の特徴を説明します。また、買った後の効果を具体的にイメージできるように提案していきます。

④行動を起こしてもらう

⇩「決断を促す」トーク（122ページ）

結論を単刀直入に尋ねることで、お客さまは購入行動に移ります。

まずは、この4つのブロックを頭にいれてください。

なかでも、②の〝3つの質問〟はプレゼンテーションの核となるものです。

前述したように、これら〝3つの質問〟をすることで、お客さまは自分の問題に気づいていきます。その意味で②の一連のトークはとても重要なのです。

これから説明していきますが、プレゼンテーションには、お客さまに購入を決断していただくよう促すトークも含まれます。お客さまに正しい結論を出していただくため、話の要点を随時まとめることも必要になります。常に契約を意識して進めましょう。

では次項から詳細に説明していきます。

No.3

「オープニングトーク」で、心の準備をしてもらう

お客さまの「聞く姿勢」を整える

オープニングトークとは、お客さまの〝聞く姿勢〟をつくるための前置きトークです。営業マンは、面談室に入るとすぐに商品説明を始めたくなりますが、お客さまのほうはまだ心の準備ができていないことが多いのです。

「お時間を取っていただいてありがとうございます」

「今日はどれくらいのお時間、大丈夫でしょうか。一時間くらいはよろしいでしょうか」

このように働きかけることで、お客さまも「真剣に説明を聞こう」と姿勢を正します。必ずお客さまの反応を確認してからプレゼンテーションに入るようにしてください。

自己紹介は、要素を簡潔にまとめておこう

まずは、会社名と氏名を名乗り、その後会社や業務内容の説明をします。他社との

差別化を意識して話すといいでしょう。簡潔なアピールが好感度を高めます。

特に独立している場合は、営業マン個人の信頼性を伝えることも大切です。自分を覚えてもらえる工夫もしてみましょう。

①企業の場合……会社や商品の紹介を行う

「○○会社の佐藤太郎と申します。自動車好きが高じて、昨年、この業界に入りました。私どもの会社は、自動車販売を一手に引き受けております。ご購入条件もアフターフォローも充実しており、多くのお客さまに大変喜んでいただいております」

②独立している場合……業種やサービスの紹介、自己PRなどを行う

「○○事務所の山田優子と申します。企業の総務部で8年の経験を積み、FPとしてオフィスを設立しました。お客さまに最適な資産運用プランを提供するため、保険業務、投資信託業務を行っております。投資のアドバイザーとお考えください」

自己紹介の基本

まずは、社名と氏名を名乗る

「○○会社の佐藤太郎と申します」

企業の場合

- 会社紹介
（他社との差別化もアピール）
- 商品紹介　etc.

独立している場合

- 業種
- サービス、商品紹介
- 自己PR　etc.

大胆な質問で注意を引きつけることも

ときには、このように質問することもあります。

「今日は、なぜ面会の時間を取っていただけたのですか。ご期待にお応えすることができましたら、良い返事をいただきたいと思います」

こちらからアプローチしておいて面会の理由を聞くなど、大胆すぎる。お客さまの気分を害するのではないか……と敬遠する方も多いでしょう。

もちろん、これはお客さまの気持ちを引きつける方法の一つにすぎません。しかし同時に、お客さまに営業マンの自信を伝える効果的なやり方でもあります。

自信の見せ方一つでも、「優秀な営業マンなのだな」と、お客さまに一目置かれる契機になります。ここでモノを言うのが「4つの自信」（78ページ参照）です。

なかには、「今は必要ないとは思いますが……」などと切り出す営業マンもいます。これは、プレゼンテーションの準備不足や、商品知識の不足からくる自信のなさの表れであり、お客さまが信頼してくれるはずもありません。

最初から逃げ腰で臨まないことが、プレゼンテーションを成功させる第一条件です。あなたの真剣さが伝われば、お客さまも「今日、決断しなくては」という気持ちになります。

誠実にアプローチした結果、お客さまが話を聞く気はない、と察知できた場合は、いさぎよく仕切り直しをすればすむのですから。

お客さまの緊張をほぐすトーク

これだけで十分対応できる

営業で実績を出せない人の多くは、お客さまとの面談が怖いと言います。飛び込み訪問では、お客さまがちょっと否定的な態度を見せただけで引き上げてしまいます。

でも、考えてみてください。営業マンがはじめて会うお客さまに緊張するように、お客さまも緊張しているのです。「下手な断り方をして、相手を怒らせたらどうしよう」、「巧みな言葉にのせられて、必要ない物を買うのではないか」などなど……。

ですから、営業マンのほうから笑顔で接するように心がけると、お客さまも肩の力が抜けてきます。こわばった表情も徐々にほぐれていくでしょう。

以前は、打ち解ける手段として「雑談」の重要性がよく言われていましたが、最近では形式的な雑談で時間をつぶすより、すぐに本題に入ることを好むお客さまが増えています。お客さまの心の準備が整ったら、そのまま商品説明に入ってしまいましょう。

ただし、お客さまの緊張がほぐれにくいときには、自己紹介に入る前に軽い雑談をすると効果的です。

話題づくりに使われるのが、「木戸に立ちかけし衣食住」。気候、道楽、ニュース、旅、知人、家庭、健康、趣味、衣服、食べ物、住む所の話です。あらかじめ話題を探しておくとよいでしょう。

①天気

「今日はいい天気ですね。道路からお庭が見えたのですが、ガーデニングがご趣味ですか。きれいにお手入れされていますね」

②住む所

「北海道の地図ですね。北海道のご出身ですか。私も小樽の出身でして、もう十年近く帰っておりませんが、懐かしいですね」

③趣味

「ゴルフのトロフィーですか。すごいですね。私は始めたばかりで……、後ろの人に迷惑がられています。ボールよりも地球を打っている感じですよ」

プロの自信が伝わる切り出しトーク

「営業マン主導」で話を進めよう

多くの営業マンは、お客さまの意見に耳を傾け、忠実に従うことが顧客満足につながると考えがちです。

しかし、顧客の問題にベストな解決策を出せるのは、商品を熟知している営業マンです。**商品知識のないお客さまに購入判断を任せてはお客さまのためになりません。**

商談は「営業主導型」で進める必要があるのです。

お客さまにとって何が最善なのかを決定し、最小のコストで最大の利益を得られるようデザインするのがプロの仕事です。そして、お客さまは、その提案が自分の望みを叶えてくれるとわかれば購入を決断します。

「私が提案するものが世界一。もっともお客さまを守れるものだ」という誇りをもちましょう。

こうした姿勢を打ち出すのが、商談に入る前の切り出しトークです。

お客さまは、はじめの数分で営業マンを見抜きます。「営業マンの判断に任せたほうが得策だ」と感じてもらうためにも、ぜひ使ってください。

①今日、契約してほしいと促す

「今日は、お時間を取っていただいてありがとうございます。ご期待に添えるようお話しさせていただきます。よろしかったら、今日ぜひご決断ください」

②「プロの提案」という意気込みを伝える

「ぜひ一時間集中して、話をお聞きになっていただきたいのです」

「今日はありがとうございます。○○様にとっても貴重なお時間だと思います。限られた時間の中で、○○様に価値があったと思っていただけるよう、真剣にお話しいたしますので、よろしくお願いいたします」

No.4

お客さまが自分のニーズに気づく「3つの質問」とは？

これで下地はOK

お客さまがプレゼンテーションを聞く姿勢が整ったら、お客さまのニーズを喚起し、商品を売り込む下地をつくります。それが次の〝3つの質問〟です。

①ウォンツ（願望）を尋ねる

（質問例）「現在、不足しているものは何ですか」

②今取り組んでいる対策を尋ねる

（質問例）「現在のままで結果は出ますか」

③その対策で効果が出ているかを尋ねる

（質問例）「問題はどうしたら解決できると思いますか」

3つの質問の流れ

1

ウォンツ（願望）を尋ねる

①お客さまの実態を把握する

②お客さまの問題点を絞り込む

▼**実現したい願望に気づかせる**

←

2

今取り組んでいる対策を尋ねる

質問例（コピー機のリース販売）

「A社（他社）のコピー機をご使用になって3年だそうですが、調子はいかがですか」

たいていは「今のところ問題はない」と言われます。その場合は、他の顧客の購入事例などを話します。

「実は、ある会社からコストダウンの相談を受けまして……（中略）……というわけで新製品を購入していただけました」

こうしたアプローチによって、お客さまは解決するべき問題に気づいていきます。

客『コスト削減は、重要なテーマだった！』

▼対策を講じる
必要性に気づかせる

「コストダウンを実現するために、
現在どのような計画を立てていますか」

ここでお客さまは気づきます。

客『そういえば、何の手も打っていないな』

3
その対策で効果が
出ているかを尋ねる

▼商品・サービスの
必要性に気づかせる

お客さまに、将来のリスクを、具体的にイメージさせます。

「このままだと、一年で、○○万円もの
ムダな出費につながりませんか?」

客『なるほど。これは営業マンの
話を聞く必要があるな』

商品説明へ（→114ページ）

お客さまの気持ちを推測してはいけない

なぜ、このように丁寧に質問をしていくことが重要なのでしょうか。

それは、お客さま自身で問題点に気づいていただき、商品やサービスの購入を自己決定していただくためです。**営業マンに「社長、そのやり方では問題は解決できませんよ」などと指摘されると、お客さまは心を閉ざしてしまいます。**

また、セールスが下手な営業マンは、お客さまの気持ちを推測しがちです。

お客さまと話をしていて、お客さまが興味をもったかに見えた瞬間、「しめた！」とばかりに矢継ぎ早に切り込んでいき、お客さまをウンザリさせてしまうのです。

お客さまが本当に興味をもったかどうか、実際には聞いてみないとわかりません。

そこで重要なのは、**「どこに興味をもたれましたか？」**と質問することです。

このとき、営業マン自らが「これはお得ですよね」などというように、誘導尋問をしてはいけません。YES、NOでお客さまに答えさせる質問ではダメなのです。

お客さまにたくさん話していただけるように、質問の仕方を考えていきましょう。

3つの質問①「ウォンツ」を尋ねる

お客さまの問題を発掘しよう

３つの質問のうち、はじめの質問ではお客さまのウォンツ（願望）を尋ねます。

お客さまのウォンツは、その人の立場によって変わります。

会社の経営者であれば、経費を節約して効率的に会社を運営したい。従業員であれば、作業の手間を省いて業務をスピードアップしたいと望みます。

企業を離れた個人であれば、家族と快適に生活したい、趣味を充実させたい、家計を安定させて将来の不安を拭いたい、ということがこれに当たります。

しかし、通常お客さまは、商品やサービスによって実現できる自分のウォンツに、はっきりと気づいているわけではありません。

ですから、質問するときには、お客さまの現状に対する課題や問題を探りながら、どのような状態になれば満足が得られるのかに気づいてもらうよう働きかけていくことです。
このとき、提供する商品で解決できる問題を想定しながら話を聞き、ウォンツを触発していきます。実際には、次の流れで質問していきます。

①お客さまの実態を把握する

お客さまが、どのような商品やサービスを利用しているのか、現状を尋ねます。

「今使っていらっしゃる車のタイプはいかがですか」
「将来的な終済のリスクに関して、手を打たれていますか」
「社内でＰＣ環境はどうしていらっしゃるのですか」

②お客さまの問題点を明確にする

お客さまの願望を実現できない理由は、「他社製品では不足している機能など、特殊な理由で起きている問題」、「お客さま特有の問題」など、いくつかのタイプに分かれます。
いろいろな角度から、現状に満足していない点や、どういう状態が望ましいのかを尋ねていきましょう。

「現状に対して、さらにこうだったらいいなと望まれることは何ですか」（基本の質問）
「コピーする際に、時間がかかりすぎたり、色ムラが出るようなことはないですか」（例）
「休日に楽しまれるための自分の時間をおもちですか」（例）

「何か気がかりな点はありませんか」（基本の質問）
「コピー複合機を使用する際に、ご不便な点はありませんか」（例）
「健康面で気をつけていらっしゃることはありますか」（例）

「現在の費用対効果にはご満足ですか」（基本の質問）
「1ヵ月のコピーのランニングコストには納得されていますか」（例）
「お子様の養育費や、独立された後の資産計画はおもちですか」（例）

核心に近づくためのトーク例

問題点が明らかになったら、お客さまが自分で解決策に気づく、あるいは解決策を選べるように、サポートしていきます。

このとき、「最優先事項は何か」を尋ねていくことがポイントです。お客さまが改善したい事柄に〝正確に〟焦点を合わせて話を進めるため、営業マン自身が、お客さまの反応を見ながら、さらに問題の核心部分を探っていきます。

営業マンが新しい情報を投入することで、別視点からの動機付けにつながることもあります。

【トーク例・企業向け】人事研修を売り込む①

営業「お時間を取っていただいて感謝します。今日は、弊社の営業研修が御社のお役に立てる、メリットのあるものかを確認していただきたいと思い伺いました。その前に、弊社に対して、何かお聞きになりたいことはございますか」**（お客さまの**

お客さまを理解するためのステップとは？

①

お客さまの実態を把握する

お客さまは、今どのような商品・サービスを使っているか知る

↓

②

お客さまの問題点を明確にする

お客さまが、現状で不満を持っている点、
より望ましい形にしたいと思っている点がないか、質問する

↓

**お客さまに、自身のウォンツに
気づいてもらう**

お客さまが、自分で自分の願望に気づくように、
対話を通じてサポートしていく

Point

**事実→問題点→ウォンツ
この順に引き出していくのがコツ**

顧客「おたくは営業社員向けの研修が主体だと聞いたけど、活用後、他社ではどのくらい成果が上がっているのか知りたいのだが」**（願望を確認する）**

営業「ありがとうございます。弊社の研修実績については、こちらの資料をご覧ください。三ヵ月研修で○%も生産性がアップしたというデータがございます。御社の営業課題や、営業の方の育成で望んでいらっしゃることはありますか」**（願望が明確になっていない場合は、現状を尋ねる）**

顧客「別に、今のところ差し迫った問題はないと思う」

営業「それは何よりです。教育を徹底されているのでしょうね。最近では、安価な営業管理ソフトも出ておりますし、上手に組み合わせていかれれば、生産性の向上とモチベーションアップにも効果的だと思います」**（問題点を探る）**

顧客「もちろん、社員には名の知れたセミナーに参加させたり、資格取得を呼びかけて、なんだかんだ言って年間○○万円もかかっている。だが、技術面の学習でなんとか社員の士気を高めようとコストをかけているという感じだな……」

営業「なるほど、そうですか。今後は、もっとコストをかけずに生産性が高まったらと

お望みなのですね」（**願望を明確にする**）

顧客「そうとも言えない。ある程度のコストをかけても、短期間で業務効率を上げられればこんなに助かることはない。営業研修を導入したはいいが、社員が実践しきれずにいる。なんとか今年中に成果を出して、かかったコストを数字に結びつけたいと思っているんだ」

【トーク例・個人向け】リフォームするよう売り込む

営業「とてもきれいにしていらっしゃいますね。築何年になられましたか」（**お客さまの実態を把握する**）

顧客「15年かな」

営業「よい素材を使っていらっしゃるからでしょうか、風格がありますね。あとはどのように手入れして、このお宅を50年も70年ももたせられるかですね」（**問題点を探る**）

顧客「そうなんですか」

営業「ええ。家は定期的にお手入れすると、かなり長持ちするんです」**（問題点を探るために、情報を提示する）**

顧客「そういえば、あまり手入れはしていないないな」

営業「木は呼吸をしています。ですから、埃などを払って磨くことで長持ちしますし、キッチンやバスルームの給湯システムもコストダウンでエコなものが出ておりますので、かなり使い勝手が良くなり住み心地も良くなりますね」

顧客「ふーん。リフォームということか。うちも、そろそろそんな時期になったかもしれないな」

3つの質問②「今取り組んでいる対策」を尋ねる

行動を変える動機付け

願望を尋ねる質問で、お客さまは〝自分のビジョンやテーマ〟に気づきました。お客さまは、「コピー機の調子が今ひとつだ」、「サーバ管理に手間がかかる」など、日常的に不満を感じていても、効果的な行動に着手できていないのが現状です。

問題に手をつけていないのは、問題解決の手段や方法がわからないのと、行動に対する動機付けの機会がないからです。

2番目の質問では、問題を解決するには今の対策では不十分であるという事実に気づいてもらいます。行動を変える必要がある、という気づきを促すのです。

ただし、尋ね方を間違えると単なるダメ出しになってしまい、お客さまの気分を害しかねません。あらかじめ質問トークを複数用意しておくとよいでしょう。

質問のポイントは「今取り組んでいる対策を尋ねる」ことです。現在の行動に改善の余地があると気づいてもらうよう質問していきます。

①お客さまに「今取り組んでいる対策」を尋ねる

お客さま自身が問題を解決するために、今、現実に取り組んでいることを振り返ってもらいます。問題解決や目標達成の手段を「知っている、わかっている」と言わせるのではなく、「今行なっている、できている」か否かを確認させることが重要です。

「現在、問題を解決するうえで計画していることは何ですか」（基本の質問）
「コスト削減のために実行していることはありますか」（例）
「健康になるために、日頃から気を遣っていることは何ですか」（例）

お客さまがすでに何らかの対策を取っている場合は、「誰が」「いつから」「どのような」といった、より具体的な質問を投げかけます。活動が形骸化していないか、効果は上がっているのかなどを振り返るきっかけになります。

「御社では、コスト削減を実行されている方はどなたでしょうか」

「現在の成果をアップするための具体策には、いつから取り組んでいらっしゃいますか」

「生産性向上のためのプロジェクトがあるのですね。どのような活動をされているのですか」

②お客さまの反応を見ながら、お客さまの返答を待つ

お客さまが自分の行動を振り返りやすいように、引き続きサポート役に徹します。

お客さまが答えに詰まったときでも、返答を迫らずに答えを待ちます。反応を見ながら、お客さまの言葉を繰り返したり、相づちを打ってもいいでしょう。ここでも、新しい情報を付加することで、イメージを描きやすくなり「気づき」も早まります。

【トーク例・企業向け】人事研修を売り込む②

営業「……では、導入された研修を実践されて年内で使いこなし、システム導入にかか

ったコスト以上の成果を出したいと考えていらっしゃるのですね」
顧客「もちろん」
営業「そのために、今、実際に取り組んでいることはありますか」**（今取り組んでいる対策を尋ねる）**
顧客「うーん。取り組んでいることはあるが……ねえ……」
営業「何か問題でもおありですか」**（問題を放置していることに気づかせる）**
営業「そうだね……。確かに、社員が使いこなせていないのが気がかりで、その理由もわかりかねるんだ」

【トーク例・個人向け】サプリメント（健康補助食品）を売り込む

①願望を尋ねる

営業「これから先、○○様は、健康管理、体調管理に関して、何か考えていらっしゃいますか」**（願望を尋ねる）**
顧客「そうだね、考えなきゃならないのかなあ」

営業「特別なことはしていないのに、今は健康でいらっしゃるのですか。体調にも問題はないと」

顧客「今のところはないよ」

営業「それは幸いです。継続させていかれることが大切です」**（相づちを打つ）**

顧客「まぁ、一応ね」

営業「私も今は問題ないですが、将来的にも体は万全にしておきたいと思い始めたこともあり、今日伺いました」**（相づちを打ちながら、問題点を探る）**

顧客「ほう、僕は体重や体型は変わらないし、健康だが、一方疲れは取れにくくなってきたな。健康にも気をつけないといけないかな……」

②事実行動を尋ねる

営業「現在は予防医学が進化してきております。病気になる前に体質から変えるというものです。先日も、年齢問わず体調不安を訴える人が七割もいるという記事が新聞に出ていました。こういうときに、健康管理をして、不安から解放されるように心がけることは大切です」

顧客「そうだね。無理なく管理できるといいかもね」

営業「そうですね。私は、◯◯という健康管理をして以来、健康に関しての不安はなくなりました。食物だけでは摂取に限りがある栄養素を栄養補助の食品を取るようにして、かなり体調が整うようになりました」**（事実行動を尋ねる）**

顧客「特に、何もしてないなあ、しないといいかんかなあ」

営業「ご存じないですか。口コミで人気なのですが、非常に評判がよいものです」

顧客「口コミですか」

営業「サプリメントの◯◯という新製品です。予防医学の観点から開発されたもので体質改善がコンセプトです。毎日、食事をとる際に、栄養のバランスのことばかり考えるのは面倒ですよね」**（念押しの形で、事実行動を尋ねる）**

顧客「そうだな。あまりにもバランス、バランスと神経質になっていると、何を食べればいいのかわからなくなるし、食事をつくるのも億劫になる。でも、健康には気をつけないといけないから困るな……」

営業「そうですね。食事は楽しみの一つですから、栄養のことばかり気にしていられません。ですから、こういったサプリメントが普及するんです……」

3つの質問③「その対策で効果が出ているか」尋ねる

「将来のリスク」をイメージさせるのがミソ

お客さまは、自分の行動を変える必要性に気づきました。

しかし、商品を購入するほど問題が深刻なことには気づいていません。お金を支払う価値があるとは思っていないのです。そこで、この商品やサービスを購入するしかないと気づかせる働きかけが必要になります。

ここでは、「問題を放置しておけば必ずリスクがある」ことを自覚させます。ポイントは、お客さまが回避したいリスクを、具体的にイメージできるように促すことです。

企業の担当者なら、「時間の遅れ」、「コストアップ」、「取引先への迷惑」など、お客さまの置かれている立場や会社の仕組みなどから推測して質問します。個人であれば、将来の生活に対する不安についてさまざまな角度から質問してみるとよいでしょう。

質問の流れは次の通りです。

将来のリスクを具体的にイメージさせる

現状を良くするために、必要なものがあることを実感させる質問をします。不安要素が明確になると、お客さまはだんだん心配になってきて、購入を検討する姿勢が生まれます。営業マンの商品説明を聞こうという気持ちになるのです。

「現在のままで、結果は出ますか」（基本の質問）

「サーバ管理者がいないことで、総務部の皆さんの仕事の質を落としていませんか」（例）

「現状のままですと、今後どのような結果になるとお考えでしょうか」（基本の質問）

「このままいくと、1ヵ月で○○万円ものムダな出費につながりませんか」（例）

また、事実を把握するために「達成率」等を尋ね、お客さまとお互いに確認してゆくのも効果的です。他人ごとではなく、お客さま自身の問題だという気持ちになるように誘導していきましょう。具体的には次のような質問例があります。

「現在の戦略のままで、実際の達成率は何%ぐらいでしょうか」
「現在の戦略のままで、目標とする成果を出せそうですか。難しそうでしょうか」

【トーク例・企業向け】人事研修を売り込む③

営業「新たな研修メソッドを導入されて、その後の費用対効果はいかがですか」**(リスクをイメージさせる)**
顧客「そうだね、まずまずだが、早めたいね」
営業「現在のままですと、期待通りの成果ではないとお考えでしょうか」**(自己評価を促す)**
顧客「おそらく大丈夫だと思うのだが、もっと期待していたからね」
営業「計画と現実との間にギャップがあるということですか」

【トーク例・個人向け】化粧品を販売する

営業「……私もクリームを使っていましたが、良いと言われるものは当たり前のように高い値段で売られていますから、使い続けるのは相当な負担ですね」**（自己評価を促す）**

顧客「そうね。この年齢になると、あれもこれもとなるからお金がかかって」

営業「そうですね」

顧客「化粧品にかかる費用はばかにならないわ」

営業「そうなんです。そこで品質も間違いなくて、納得できる価格のものを探しておりましたところ、まさに納得のゆくコスメが開発されまして、私自身も今、喜んで使用しております」**（新しい情報を提供する）**

顧客「どこの何という商品ですか」

営業「○○です」

顧客「これまでと何が違うの」

営業「有害な成分は使わず、クオリティは最高だと思います。パッケージと広告宣伝費が価格に入っていない分、半額近くで手に入ります。これならケチケチしないでたっぷり使えます」

顧客「使用感はどうなの」

営業「それが、この商品は○○細胞製品ですから、浸透力が強く、アンチエイジングはもとより、肌にハリが出ます。高価なものより良いかもしれません」

顧客「効果にも大きな差はないの」

営業「化粧品は、どれもあまり大きな差はないと言われますが、これは違います。資料とこちらの写真を見てください」**(再度、自己評価を促す)**

顧客「ということは、私はいったい何にお金を払っていたのかしら」

営業「たしかに、化粧品は夢や希望を買うという面もあります。高額なものを使用すると、気持ちも豊かになるという効果もありますね。ただ、私は本当に良いものをお値打ち価格で使用しているので、とても得した気分がします」**(念押ししながら自己評価を促す)**

顧客「成分もクオリティも上なら、少しでも安いほうがいいわ。ときどき化粧品を変えてみたくなるときもあるし……。試供品はあるかしら」

No.5

売れる「商品説明」トークはココが違う！

お客さまの利益を説明しよう

熱心にプレゼンテーションをしていても、なかなか契約にこぎつけないことはありませんか。この場合、ほとんどが商品説明の段階でつまずいています。「わが社の商品は、これこれしかじかの……」と、商品の特徴を並べ立ててしまうのです。

お客さまは、商品の一般的な特徴を聞いても商品に魅力を感じません。買いたいと思うのは、自分の利益に結びついたときです。

たとえば、流行を追わないお客さまに

「今度の車は、○○の機能を備えており、爆発的に売れています」

と勧めても、

「そう。関心ないな流行には……。品質本位が一番だよ」

このような返事が返ってきます。

「この車を利用することで、お客さまの企業イメージが高まります。というのも……」と、お客さまの利益に結びつく説明ができれば、「それなら購入を考えようかな」という話につながります。

お客さまのニーズを踏まえて、商品を入手したときにどのように役立つかを説明する必要があるのです。

他社の製品とは、こうして差別化する

企業や個人によって、どの点を利益と感じるかは異なります。

商品の特質（117ページ参照）の中から、お客さまの利益に結びつくもの、問題を解決するような部分だけをピックアップします。

他社とコンペで決まる場合は差別化のため、自社商品の具体的な利点を強調します。

使用用途、耐久性、操作性、快適さ、安全性、信頼性、経済性、アフターサービス、メンテナンスの利便性などさまざまあります。お客さまのニーズに合わせて、強調ポイントを変えながら適切に説明していきます。

効果的な売り込み方

お客さまに利益を実感してもらうには、次の3つの方法で売り込みます。

①お客さまの趣味や嗜好に合わせて、利益を話す

「ゴルフがご趣味ならこの車です。ゴルフバックが4つも運べ、出し入れも楽ですよ」

「お仕事がら、小回りのきく車をお望みだと思います。この車種なら、どんなに狭い坂道でもスイスイ走ります」

「この製品なら燃費は○○ですから、早く下取りに出されたほうが、経費の面でグッとお得です」

②商品の特殊な特質が生む利益をアピールする

「経済的な車がいいですね。この車の燃費は○○で、経済車といわれるくらいです」

「環境に配慮した、まさに時代が求める車です。税金も優遇されます」

「このモデルは、排ガス規制に適合しておりますので、税金が優遇されます」

商品の「特質」と「利益」は異なる

商品の特質とは？

他の商品にはなく、その商品だけがもっている機能や性質

例えば

自動車でいえば、形、色、大きさ、速度、燃費など

商品の利益とは？

商品を使うことで得られる効用や価値

例えば

流行を追うタイプの人なら、新しい色や形がその人の「利益」になりうるが、流行を追わないタイプの人には単なる「特質」にすぎない

Point

商品の「特質」から、お客さまの「利益」を絞り込む

③今が、利益を享受できるチャンスと強調する

「今の時期に買い換えされるのが一番お得です。この先、車を購入しないという場合は話は別ですが、定期的に買い替えてゆく計画がおありになれば、年度内の今月は下取り値段が安くならずにすむチャンスです」

あるいは、このような言い方もあります。

「一日でも早く決断したほうがお得です」

「今なら下取りもこの価格でやらせていただきます。またとないチャンスです」

お客さまは、この「ひと押し」で心を動かす

商品の使い心地やメリットを実感させることで、顧客の心を、もうひと押しすることができます。効果的な方法は次の通りです。

①パンフレットを用いて説明する

パンフレットは、こんなふうに使う

❶パンフレットを見せて関心を引く

パンフレットを指さしながら、
「どういうことかご存じでいらっしゃいますか」
「実は……」
と、セールスポイントを説明する

↓

❷お客さまの反応を見る

興味をもった情報を探り、的確に売り込む
「こういうデータがあります」
「そこで、この度小社では……」

↓

❸具体的に、商品・サービスを提案する

「これが、画期的な問題解決策です」

Point

お客さまがじっくり見始めたら興味をもった証拠！

「このページをご覧ください。いかがですか」

②自分の使用感を加える

「私も使ってみたところ、エンジンがかかりやすく、出だしがよい割に燃費も抜群です」

③利点を実際に体験してもらう

「どうぞ、実際に触って……、感触をつかんでみてください」

④商品に関する掲載記事、推薦文、手紙、リストなど、第三者の証言を見せる

「この新聞記事をお読みください。立証ずみのデータです」

⑤自尊心をくすぐる

「○○様のためにあるような商品です」

商品の売り込みをパワフルにする、3つのポイント

- 商品情報を写真や図で説明する
- 「数字」や「新聞や雑誌の記事」を用いて、その商品が優れていることを立証する
- 他社、または他のお客さまが、その商品によって問題を解決した例を示す

親しい友人に商品などをモニターしてもらい、
商品の長所や改善すべき点を研究して売り込んでも効果的!

Point

客観的なデータや事例を示すと説得しやすくなる

No.6

この一押しでそれとなく決断を促す

つい買ってしまう心の仕組みがある

お客さまがご自身の問題に気づき、問題解決のために何をするべきかを理解されたら、最後はあなたが押している商品・サービスを選んでもらうことが重要です。

①副次的な(外堀から埋める)質問で促す

お客さまが「自分で購入を決断した」と納得できるように質問します。商品や購入プラン等を提案するときにも、お客さまの意向を伺いながら購入決定に導く方法です。

「このような説明でよろしいでしょうか」
「このようなプランでいかがでしょうか」

②「お返しの理論」で促す

人は、親切にされると報いたいという気持ちがおこりますので、とことん気働きしましょう。お客さまが、「ここまでしてくれるのか……」と感心するほど、手まめ、足まめ、筆まめに徹することで気持ちを引きつけることができます。

「どのようなタイプのものでも、うまく活用されそうですね」

「さすがに、ご家族に対しての心配りは、並み並みならないものがありますね。私もお手本にしなければなりません」

③「譲歩のトーク」で促す

別名、引きのトークとも言われます。お客さまの判断を信じて下駄を預ける気持ちで決断を任せると、逆に、お客さまは結論を早めます。押せば引き、引けば押してくるのです。

「これが予想以上の結果です。まずは、○○様ご自身でお確かめください」

「他にも、特約としてお付けしたほうがよいものはございますか」

「コストパフォーマンスにご着目くださいクオリティをご理解いただけますね」

「ご家族を無視するわけではありませんが、これでは、無理なプランかもしれません」

「どうぞご自身でお決めください。いつがよいと思われますか」

④「約束とその一貫性の欲求」で促す

人は、いったん約束すると、守ろうという責任感が芽生えます。過去に言ったこと、決めたことを守りたいという責任感を刺激するのです。


「以前、お話しさせていただいたように、製品の手配をしたうえで、いつでも納品できるようになっております」

「たしか、このプランでよかったと思います。ご希望に沿ったものになっておりますか」

「今月、お決めになるとお話しいただいておりましたので……」

「やはり、最初にご覧いただいたもののほうが、お気に召したようですね」

⑤「社会的立証」で促す

人は、統計、記事、推薦文、データリストなど、客観的な事実を見せられると納得しやすくなります。最大限に活用しましょう。

「こちらのデータをご覧ください。商品の信頼性を証明しております」
「当社の商品の安全性を証明している記事がありますので……」

⑥「紹介の力」で促す

紹介は、一般のアポイントに比較して数倍の価値があると言われます。

「ご紹介いただいた○○さんから、□□様に最高の条件で購入していただけるよう努力しなさいと言われておりますので、よろしくお願いします」
「紹介者の○○さんから、□□様は仕事を愛している方だと、たっぷり聞かされております。今日は、ご家族も大事にしていただけるような計画をもって参りました」

No.7

プレゼンを時間内に着地させる3つのテクニック

話の途中で迷子になっていませんか？

8割はお客さまに話していただき、営業マンが口をはさむのは2割ということは述べました。

しかし、限られた面談時間のなかで、商談が意図しない方向に進んだときは軌道修正する必要があります。商談をコントロールして、購入決断に向けて導いていきます。

これをプレゼンテーションのコントロールといい、3つの方法があります。

- 説明によるコントロール
- 行動によるコントロール
- 探りによるコントロール

話を軌道にのせることで、話の本筋がはっきりし、お客さまも反応しやすくなります。お客さまの利益を再度説明しながら、意図する方向に導いていきましょう。

「説明によるコントロール」で、意図する方向に導く

説明によるコントロールは次のようなときに使います。

①話が散漫になりそうなときは、話題を一点に集中させて会話が弾む雰囲気をつくる
②話が思わぬ方向に流れそうなときは、会話の流れを変え、意図する方向に話を導く
③お客さまの悩みが明確でなく、長話になりそうなときは、一般例を用いて説明する

①お客さまの話が散漫になりそうな場合

「そうですね。今までにも、製品の品質管理でお悩みのお客さまが多くいらっしゃいましたが、私どものシステムを使っていただくことで、問題を解決できました。お話を伺っていて、御社の問題を解決できると思いましたが、いかがでしょうか」

②話が横道にそれた場合

「なるほど、そういうこともありますね。では健康面はいかがですか。私どもの統計によると、病気でなくとも、健康に対する不安を抱えている方が多いようです。漠然とした不安を解消する方法はないか、という相談をよくいただきます。偏った食生活を正すのが一番ですが、忙しいためそこまでエネルギーを費やせません。サプリメントを用いて、不足している栄養素を補うのも効果がある、ということですね」

③お客さまの悩みが明確でなく、長話になりそうな場合

お客さまの話を真っ向から遮るのではなく、

「なるほど」「いろいろございますね」

と相づちを打って肯定するようにしましょう。そのうえで、

「その場合私どもでは」「たとえば」

などと例を引いて説明しながら、意図する方向にコントロールしていきます。

「行動によるコントロール」で、お客さまの興味を喚起する

お客さまの話の内容が抽象的で具体性がない場合に使います。話の展開に合わせて、現物を見せる、デモンストレーションする、商品の使い方がわかる写真や図、統計表、新聞や雑誌の切り抜きを示すなど、効果的な方法を選択します。

①写真を見せる

「この写真をご覧いただけますか。この製品はこちらのシステムに使われています。実際に使っている場所にもご案内できますが、現場の写真を見ていただければ、だいたいおわかりいただけるかと存じます」

②試供品を使ってみる

「ここに試供品のクリームがございます。ちょっと塗ってみましょうか。どうです、さらっとした感触でしょう。私たちの肌は余分な油分はかえってマイナス。このしっとり、さらっとした感じがいいですね。試供品を差し上げますから、お試しください。

そういうわけで、この製品は……」

③実物を示して説明する

「どのような保険に入っていらっしゃるのか、実際の保険証書を見ながらご説明します。ああ、これは終身保険と書いてありますが、実質は定期保険ですね。定期部分が五千万円、終身の部分が二百万円。お子様が成人される前なら、すばらしい保険ですよ。もしものことがあっても、ご家族が路頭に迷うことがない。ご主人様の愛情がにじみ出ていますね。でも、お子様が一人立ちされたら、定期部分はこれほどの額は必要ありません。むしろ終身部分や医療特約部分を増やしたほうがよろしいでしょう」

「探りによるコントロール」で、お客さまの同意を求める

お客さまから特殊な情報を引き出したいときや、営業マンの提案に対して、はっきりした同意を得たいときに使います。

聞き方としては、

「お客さまがもっとも望んでいることは、効率化ということですね」

「そのことについて、解決策はお持ちですか」

「すでに手を打たれたのですね」

などと質問しながらお客さまの反応を観察します。

お客さまの言葉を要約しながら、同意を求めていくのがポイントです。

①説明が足りなかった部分を補う

「すると、事務の効率化と経費のすり合わせが、気になるところなのですね。その点はご説明させていただきたいと思います。お客さまが納得される資料がございます」

②顧客の不安の原因を、営業マンが解決する

「では、ご家族の同意をいかに得るかが、障害になっていると考えてよろしいでしょうか。それにつきましては、一度、ご家族の方にもご説明させていただきたいと思いますが、いかがでしょうか」

No.8

詰めの一手は、顧客タイプ別攻略法で！

お客さまの購入スタイルを見極めよう

お客さまに快く購入を決断してもらうには、顧客タイプに合わせて商談を進めることも大切です。お客さまのタイプは大別すると、次の4つに分けられます。

- 行動派のお客さま
- 思考派のお客さま
- 感情派のお客さま
- 革新派のお客さま

あくまでも典型例ですが、商談を成功に導く決め手になることもあるので、参考にしてください。

①行動派のお客さまへの対応

行動的で結果を重視するタイプ。「時間がないから手短にね」などと、テキパキと事を運びます。

事実を好み、あまり思索的ではありません。物事は自分一人で決定する傾向があります。**面談ではストレートに本題に入り、結果を示して事実だけを話します。**

お客さまの指導性や、長所を評価すると決定に結びつきます。

②思考派のお客さまへの対応

慎重で熟考型のタイプ。「ちょっと資料を見せて」、「他に事例はないの」などと懐疑的で、多くの情報をほしがります。

商品購入の決定は、周囲の人と相談してから行う傾向があります。面談での対応は、「よく考えていただいて結構です」という姿勢で接すると効果的です。

商品説明では、資料や図版、図表などを用いて、論理的に商品や利益について説明します。

③感情派のお客さまへの対応

情緒が豊かで友好的な雰囲気のタイプです。気が合えば信頼され、購入決断も早い傾向があります。

面談での対応は、お客さまが興味を持っている話題から入ります。

お客さまの話に熱心に耳を傾け、お客さまの認められたい、ほめられたいという欲求を刺激すると購入決断が早まります。

④革新派のお客さまへの対応

新しいアイデアを高く評価するタイプ。物事を概念的に考え、問題解決の方法を何通りも考えます。

面談での対応は、お客さまと一緒に考え、アイデアを出し合うとよいでしょう。たくさんの代案をあらかじめ用意しておくことも大切です。

4章

お客さまが断る「6つの理由」を突破しよう

「反論」への答えはバッチリ

No.1

お客さまの「断り文句」は「反論」の可能性が大

プレゼン終盤で断られる理由とは?

プレゼンテーションも終わりにさしかかり、お客さまが購入するかどうか結論をくだすときに出てくるのが断り文句です。

「時期尚早だ。そのときに考えるよ」

「ちょっと値段が高いんじゃないの」

「話はよくわかったけど、じっくり検討させてほしい」

きちんとプレゼンテーションをした後でこのように言われると、一気に疲れを感じるのではないでしょうか。

しかし、へこたれることはありません。お客さまの断り文句は「反論」にすぎないからです。

お客さまは断りたいと考えているのではありません。商品を購入する際に生じるさ

まざまなリスクを想定して、解決案を練っておきたいのです。

「反論」とは単なる「質問」です。

反論されると、人格を否定されたような気分に陥ることがありますが、そういうわけではないのです。

「商品を購入する際の障害をクリアするにはどうしたらよいのか」という「質問」が変形して、「高いんじゃないか」、「今は決められない」、「家族（上司）に相談してから決める」、「他も見てから……」という反論の形になっているだけなのです。

「買えない理由」を取り除いていこう

お客さまの反論は裏を返せば、

「じっくり検討したい」＝「納得して買いたい」

「今は必要ない」＝「本当に必要なのかどうか確かめたい」

「使い続けるのは難しい」＝「簡単に継続できるならほしい」

ということなのです。

「反論」の背後には必ずお客さまの「ニーズ」があるのです。言葉の背後にある「ニーズ」をつかみ、お客さまの利益に結びつくよう話を進めていきます。
そうすれば「反論」を「買う理由」に変えることができるのです。

お客さまは商品を必要だと感じる「欲求」と「リスク」を天秤にかけ、欲求のほうが強くなったときに購入します。すなわち、「必要性」や「買う理由」がリスクを上回れば、自信をもって購入するのです。

結果を出す営業マンは、クロージング前にお客さまの反論を消しているため、簡単に契約できているように見えます。クロージング時に、一度に反論を処理しなければならない状態を招いたら、「機会損失」、「時間膨張」のためにコストがかかるとわかっているからです。

これではお客さまのためにもなりません。お客さまは、買いやすい状況が整えられさえすれば購買行動を起こすからです。

したがって、**営業マンは問題になっている障害を一つひとつ取り除いて、買いやすい状況をつくってあげることが大切なのです。**

「乗り気でない＝欲しくない」とは限らない

たてまえ		ホンネ
「じっくり検討したい」	⇒	納得して買いたい
「今は必要ない」	⇒	本当に必要なのかどうか確かめたい
「続けるのは難しい」	⇒	簡単に継続できるなら良い

Point

「反論」の背後にある気持ちを読み取ろう

No.2

お客さまのホンネを知る方法

まずは「質問内容」を正しく把握する

反論からお客さまのホンネを聞き取るには、「質問内容」を正しく把握する必要があります。あらかじめ、お客さまの状況をいくつかのケースで想定しておきましょう。

- **お客さまは、条件がそろえば決めてもいいと考えている段階か**
- **お客さまは、商品の利点を理解したうえで反論しているのか**
- **お客さまの購入を妨げているものは何か（資金繰り、周囲の同意など）**
- **問題を解決するにはどうしたらよいか**

一般に、営業マンは話す技術に重きを置きがちですが、この場合は聴くことを中心に進めていきます。

お客さまの真意をくみ取る〝4つの聴き方〟

お客さまの言い分を聴くときには、注意が必要です。人は誰でも、自分とは違う意見を耳にすると、つい相手の話を遮って話したくなる傾向があるからです。

営業では、どのようなタイプのお客さまであっても、その真意をくみ取ることが要求されます。感情的にならずに、じっくりお客さまを理解するようにしましょう。

話の聴き方には4つの方法があります。これらをバランスよく組み合わせながら、お客さまを理解して、合意が成立するまで聴いていきます。

①選択しながら聴く――お客さまの関心ごとを把握する

お客さまの購入決断に関係ある情報を求め、「これは重要なことか」、「問題解決に役立つか」と自問自答しながら聴きます。お客さまが必要としているもの、考え方、感じ方を受け止めることで、お客さまの関心ごとに照準を合わせられるのです。

②集中して聴く――お客さまの心情を推し量る

雑念を排除して、気持ちを集中させて聴きます。話の内容だけでなく、お客さまが「どのような言葉を使って表現しているか」、「どんな話し方をしているか」、「どんな身振りや手振り、表情で話しているか」などを観察しながら聴き取ります。

③興味を示しながら聴く――お客さまの心を開かせる

お客さまの話に「なるほど」と相づちを打ったり、うなずいたり、身を乗り出したりするときには、「その点をもっとお聴かせください」などと短い質問をはさみながら聴きます。お客さまは、「この人はよく話を聴いてくれるな」と安心し、心を開いて話すようになります。

④評価しながら聴く――お客さまを理解する

注意深く耳を傾け、「この言葉は何か意味があるのか」、「お客さまの話を理解しているか」、「お客さまの話から推察すると、この点が問題なのか」などと自問自答し、評価しながら聴きます。

ときには、「こう考えてはいけないですか」と質問したり、「こう解釈していいですか」と要約したり、「この事例をご存じですか」と実例を挙げたりすることで、理解が深まります。

お客さまを理解するための、話の聴き方

選択しながら聴く

「これは重要なことか」
「問題解決に役立つか」
と自問自答しながら聴く

集中して聴く

お客さまの「言葉の表現」
「話し方」「身振り手振り」
「表情」を観察する

興味を示しながら聴く

話に相づちを打ったり、
身を乗り出したりする
ときには短い質問をは
さみながら聴く

評価しながら聴く

「どこが問題なのか」などと自
問自答し、評価しながら聴く。
「こう考えてはいけないですか」
と質問したり、
「このように解釈していいです
か」と要約してもよい

Point

お客さまの不安を潰しながら合意形成していこう

No.3

お客さまが断る〝6つの理由〟とは？

攻めどころを知るチャンス

お客さまが断り文句を言うのは、購入する際にさまざまなリスクがあると感じているためです。理由は次の6つに分類できます。

①「不安感」を示す ↓対処法は147ページ参照

②「金銭面」で折り合いがつかない ↓対処法は152ページ参照

③「時間の都合」がつかない ↓対処法は158ページ参照

④他の商品と「比較」したい ↓対処法は162ページ参照

⑤他の人に「相談」したい ↓対処法は164ページ参照

⑥営業マンが気にくわない ↓対処法は146ページ参照

お客さまは、「もっとよい解決策があるのではないか」と考えます。後で「もう少し考えるべきだった」、「損をした」などと後悔したくないからです。論理面でも感情面でも納得して購入し、「この利益は誰も気づいていない」、「自分の決断は間違いない」、「会社のために役立てた」といった満足感、充足感を得たいのです。何度も言うように、お客さまは「反論」に対して納得のいく答えが出れば、気持ちよく購入を決定できるのです。むしろ、反論はチャンスなのです。

ですから、再度、購入する際の障壁を突きとめて解決策を提示し、短時間で決断まで持ってゆきます。

反論が出たときには**「ご質問ありがとうございます」**と感謝してください。

「私の説明が不足しておりました。その点につきまして、補足しながら確認させていただきます」

と述べて、お客さまの反論がどのカテゴリーに当てはまるのかを考えて、適切に対応できれば、商談は必ず成功します。

売れない原因が営業マンにあったら……

ときには、断る理由⑥のように、お客さまが「営業マンが気にくわない」という感情をもつことがあります。こうしたことから発する反論を処理するのは難しいかもしれません。気が合う合わないは好みの問題だからです。

しかし、お客さまが不満に感じる原因が営業マンの売る姿勢や態度にあるとしたら話は別です。話し方が傲慢だったり、仕事への熱意がないなど……。

このような場合には素直に反省して、「どこがいけないのか」を考える必要があります。仕事への心構えを見直して、お客さまからの印象をよくする努力をしましょう。

一度失った信頼を回復することは大変です。日頃から自己研鑽を怠らず、向上する努力をしてください。

なお、一連の営業のなかで、お客さまの態度が手のひらを返したようにそっけなくなったり、よそよそしくなったりしたときなどは、自分の態度や応対の仕方を省りみます。どこに原因があるのかと、反省する真摯な姿勢はお客さまにも伝わります。決して、お客さまに原因があるなどと思わないようにしましょう。

お客さまの「不安」を払拭するトーク

「本当に役に立つの？」に応える

お客さまが、商品購入にとまどう理由はいろいろ考えられます。商品の使い方がわからない、購入後も継続して使用できるのか……などの要素が原因になっています。こうした不安を一つひとつ払拭していきます。

商品の使い方に関する不安

→使用上のコツを説明しながら、購入メリットを伝える

顧客「この商品は、使い方が難しそうだ」

営業「○○様、それは全くの誤解です。ご心配はわかります。初めは、ほとんどの方がそうおっしゃいます。こちらの資料をご覧ください。私が説明させていただ

お客さまからの反論を否定しないようにしましょう。「しかし」、「そうおっしゃいますが」等のBUTは禁物です。「おっしゃる通りです」、「そうなんです」、「わかります」と、ANDかSOでつなぎます。

く〝5つのポイント〟を守っていただければ、これほど簡単に、しかも便利に使える商品はありません」

継続使用に関する不安

→アフターサービスについて説明する

顧客「商品を継続して使えるかどうか心配だ」

営業「おっしゃる通りだと思います。○○様は、続けていきたいとお考えですか」

顧客「それに越したことはないよ」

営業「○○様のために、応援させていただけることが〝2つ〟あります。ご提案させていただいてよろしいでしょうか」

顧客「何かな」

営業「まず、私が定期的にフォローアップのご連絡を入れ、継続のご確認をいたします。次に、一定期間が過ぎたらプランニングするために参ります。私が○○様のアシスタントをさせていただくのです」

「2つ」と的を絞ることで、お客さまは所要時間を推測できます。お客さまの聴く姿勢が整うのを待って、具体的に提案しましょう。

購入後の成果に関する不安

→お客さまなら、絶対に成果を出せるはずと励ます

顧客「この商品を購入したら、必ず成果を出せるのか」

営業「○○様。もう一度購入しようと検討された理由を考えていただきたいのです。なんとか現状をよくして将来に備えたいということだったと思いますが」

顧客「まぁ、そうなんだけど……。しかし……」

営業「そこなんです。おそらく、多くの方が同じような希望をお持ちだと思います。○○様、たとえば、お医者様から緊急入院が必要な病気だ。今すぐ処置すれば健康体に戻れるので早く準備をしなさい、と言われたとしましょう」

顧客「ふむ……」

営業「そんなとき、○○様だったらどうなさいますか」

顧客「わからんね」

営業「信じるか信じないかは、○○様のご決断一つです。ただ、お医者様はどんな治療も絶対であるとは保証してくれませんよね」

顧客「そうだね」

営業「しかし、入院しても治る保証はないからといって治療しなければ、現状は何も変わりません。健康が回復する見込みも期待できないのです。何かをしなければそのままだと思われませんか。

そして、確信をもって申し上げたいことは、私をこの分野だけで結構ですから〝○○様の主治医〟というお気持ちで考えていただきたいということです。一緒に頑張って、成果を出してゆきましょう」

> 「お客さまならできるはず」と信じ、「どうしたら成果が出る方向に向かうのか」に焦点を合わせて話します。

会社の商品に対する不安

→安心材料を与える

顧客「おたくの商品の評判はどうなの」

営業「前年度から、安全対策としてＰＬ法に基づき、品質管理のチェック体制を厳しくいたしました。数段改善されております。ご安心ください」

→真実のデータを伝えて誠実に対応する

顧客「本当にこの商品を購入して大丈夫ですか」

営業「今までの実績でご判断ください。いくつかの特別なケース以外は九割方、問題はありませんでした。残りの一割の特別なケースとは、定期的なフォローを怠ったのが原因だというデータが出ております。アフターフォローを万全にさせていただければ問題はございません」

●「値引き要求」などに対処するトーク

購入後のメリットを、数字で説明すると説得力が増す

せっかく、商談がまとまりかけたときに、「商品が必要なことはわかった。しかし、予算がない」と言われる場面に出くわすことがあります。

お金を払うかどうかは、お客さまの優先順位によって決まります。本当にほしければ、お金を借りてでも購入しようとするものです。

私が自動車の営業をしているときに、家賃の約三倍も車のローンに支払っている二十代のお客さまがいました。駐車場代なども含めると、月収の半分以上。ガソリン代にも困るほどでしたが、高級スポーツカーを持っていたかったようです。

営業マンはお客さまのなけなしのお金を無理やり取るわけではありません。後々、良かったと満足していただけるようにご提案するのです。

ですから、**お客さまがコスト面や予算面で不安を感じている場合は、購入後のメリ**

トを感じていただけるよう、数字で説明して実感がわくよう提案しましょう。

お客さまにほしいと感じてもらえるように商談を進めていくことで、納得して購入してもらうよう導いていきます。

「高い」と言われた場合

価格に見合うだけの価値があることをお話しし、お客さまの本来のニーズに立ち返って検討していただけるようにします。

①納得のゆく金額を尋ねる

「どの程度の金額と想像していらっしゃいましたか」

「いくらなら買ってもよいと思われますか」

②商品の付加価値をアピールする

「はい。他社にはないすばらしい付加価値がありますから」

③購入するメリットを、もう一度伝える

「仮に、この差額を3年で償却していただくとしますと、一日あたりに換算しても、一人分の昼食代にもならない金額です。コスト削減した分を考えると差益が出るほどです」

「値引くなら買う」と言われた場合

原則として値引きには応じないようにします。安易な値引きは、商品の価値を引き下げてしまうためです。

「商品価格に関しては、品質本位でつけさせていただいております。生産原価ぎりぎりの価格設定です」

「皆様にこの価格で、ご提案させていただいております」

「この商品は必ず満足していただけるものと確信しております。お客さまに対価以上の

利益をもたらすとも思っております。ですから、なぜ、そのような価値があるのかを、これから具体的に証明させていただきます。多くのお客さまにもこの点については十分納得していただいております」

「予算がない」&「お金がない」と言われた場合

商品を購入することによって、資金面での悪影響が出ないことを説明します。

①予算がないからこそ、購入したほうが良いことをアピールする

「はい。だからこそご提案させていただいているのです。仮にご自身で計画されたら何十倍もの資金が必要です。これだけのコストで運営できるということは、画期的なことですよ」

「資金が十分にあれば、高い報酬を支払って優秀な人材を集め、○○様のブレーンにできるかもしれません。しかし、このシステムを導入すれば、優秀なブレーン代わりに、○○様の脳のなかに、より実践的なにドゥハウとして蓄積していただけるのです。こ

れほど費用対効果の高いことはありません」

②コスト面の見返りを、数字で説明する

「この製品は価格が従来の製品よりもいく分高めです。従来の製品では、電気代が1時間あたり○○円、冷却効果も○○です。これに対して、この製品は電気代が従来の3分の2、冷却効果も3割アップです。この差額は1年で取り戻せ、2年目からはプラスに転じます。あくまでもお客さまご自身のご判断ですが、その点をお考えいただければ、自ずと結果はおわかりですね」

③「現在、予算がない」と言われた場合には、支払方法を明示する

「一度にお支払いにならなくても、ローンを組む方法がございます。現在は金利もお手ごろですので、5年ローンで一日あたり200円ということになります。一日のコーヒーの量を一杯だけ減らしていただければよいのです」

金銭面での断り文句への対処法

❶「高い」と言われた場合

- 納得できる金額を聞く
- 「付加価値の高い商品」であることを強調する
- 購入する「メリット」を説明する

❷「値引くなら買う」と言われた場合

- 原則として値引きには応じない
- 商品の価値を再度説明する

❸「予算がない」「お金がない」と言われた場合

- コスト面の見返りが大きいことを強調する
- コスト面の見返りを数字で具体的に説明する
- 支払方法を明らかにする

「今買うメリットを感じない」と言われたときのトーク

決断しなければ「機会損失」になると説明する

購入時期を理由に断られた場合には、機会を逃すリスクについて説明していきます。

「時期尚早」と言われた場合

いずれ必要になるのであれば、今すぐ購入したほうが得であることを説明します。お客さまに得ていただきたいのは、製品ではなく利益です。早く行動したほうがより多くの利益を得られることを伝えましょう。

顧客「必要になったら考えます。今は時期尚早だと思う」
営業「わかりました。そうなりますと、長期に渡って検討の必要はないということですか。あるいは、いずれはどうしても必要になると思われているのですか」
顧客「いずれ必要になるとは思う」
営業「わかりました。この商品は使いこなしていただくことで、お客さまの利益が増します。機能を100%活用するためには、学習期間が必要になります。すぐ利用したいときに購入されますと、ご活用いただくまでに時間がかかります。必要なときに十分使いこなしてすぐに利益を出せるよう、今からご準備ください」
顧客「そんなに時間がかかるの」
営業「個人差はありますが、全ては事前対応が重要です。病気に関しても、今は対処療法ではなく、予防医学が進んでいる時代です。転ばぬ先の杖ではございませんが、いち早く効果を得ていただくためにも、今ご決断ください」

「考える時間がほしい」と言われた場合

なぜ今日決断できないのか、尋ねてみましょう。
ポイントは、お客さまが「どう感じているか」を聞くことです。お客さまは漠然とした答えしか見つけられず、たいした理由ではないと納得します。

一方、お客さまの「考え」を尋ねると、理論が先立って、購入しない正当な理由を誘発しやすくなります。注意しましょう。

顧客「もう少し考える時間がほしい」

営業「そうですね。しっかり検討していただかなければなりません。差し支えなければ、どのような点に疑問を感じていらっしゃるのか、お聞かせ願えませんか」

顧客「それはいろいろとねぇ」

営業「説明不足の点がございましたら、補足いたしますのでおっしゃってください」

顧客「いや、説明は十分だよ」

営業「そうですか、ありがとうございます。そういうことでしたら、今日お決めいただけない事情が何かありますか」

顧客「…………」

営業「よくお客さまに申し上げるのですが、検討する時間の長さが、よい結論に結びつくとは限りません。決断にかかる時間と、決断の質には何も関係はないのです。

一週間ご検討いただいたとして、十人の方のうち何人の方が納得のゆく決断をされると思われますか。（少し間を置く）実のところお一人かお二人です。それも、ご説明した内容を覚えていらっしゃらなくて、説明し直してほしいと言われます。これこそ時間膨張、機会損失です。お忙しい○○様に、時間を無駄にしていただくわけにはまいりません」

●「他社と検討してから」と言われたときのトーク

自社製品のよさを多角的にアピールする

この段階まできても、お客さまはこの商品でよいのか、他にもっとよい商品があるのではないかと迷っているため、その懸念を払拭していきます。

①「他社情報をお知らせする」と述べて、うまく誘導する

「どちらの会社の商品でしょうか。もしよろしければお聞かせ願えますか。私も他社の商品との違いを研究しておりますので、お答えできると思います」

②他社の悪口は言わずに、自社のよいところをアピールする

「他社の商品もすばらしいので、○○様も魅力を感じられると思います。私どもの商

品はこの点が優れているので資料をご覧ください。当社独自のもので非常に画期的です。この点だけでも、購入していただいてご納得いただけると確信しております」

③お客さまの声を活用する

「商品使用の実績はございます。当社の商品を使って効果を上げているお客さまの声をリストにまとめたものです。各界のリーダーの方々に高い評価をいただいております。○○様には当社の商品を一番気に入っていただけると思います」

④購入事例を紹介して信頼を得る

「さすがによくご存じですね。それでしたら当社のよさも容易にご理解いただけると思います。購入されて生産力が20％アップした会社の例をご紹介しましょう」

「人の意見を聴いてから」と言われたときのトーク

購入判断は間違っていないと勇気づける

どんな商品を購入する場合でも、お客さまは自分の判断が間違っていないか気になるものです。慌てることなく話をじっくり聴きながら問題を解決していきましょう。

お客さまとともに困難を乗り越える姿勢で、決断までの道のりをサポートします。

「家族」に相談する場合

お客さまの事情を伺いながら、お客さまに説得材料を提供するようにします。

顧客「商品の購入は、相談してから決めたい」
営業「わかりました。どなたにご相談されますか」
顧客「いやあ、家族の者が何というか気がかりで……」

営業「仮にご家族に反対されたら、ご購入を断念されることもありますか」
顧客「うーん……」
営業「もし、そうでなければ、ご家族へのプレゼントにするためにも、ご自身で判断なさってください」
顧客「家族が反対したら、購入は難しいね」
営業「そうですね、それでは私が伺って正しく説明させていただきましょう」
顧客「それには及ばないよ」
営業「わかりました。ご自身で説得されるということですね。でしたら、懸念されていることを伺って、どのようにご家族にお話しすればよいかお教えします」

「決定権者」に相談する場合

①お客さまの代わりに説明すると主張する

顧客「Aマネジャーに相談してから決めます」
営業「この件に関しては、誤解のないよう、私が○○様に代わってご説明に伺いますのでご安心ください。必ず決済していただけると思います」

②お客さまの決断に自信をもってもらう

営業「ご自身の判断と、私の商品説明を信頼していただきたいと思います。会社の生産性が向上するための決断を、駄目だと言われるわけがないと思いませんか」

③説得力を増す資料を渡す

営業「それでしたら、決定権のある方に、このデータと推薦状をお見せください」

「もう少し考えたい」と言う場合

お客さまの不安を減らせるように、さらに詳しく説明していきます。

顧客「はっきりした不満はないが、即断できないので二、三日考えてから決めたい」

営業「ありがとうございます。もう少し専門的な観点でご説明したいのですが、どのような点についておわかりにならないのか、ご質問いただけませんか」

5章

クロージングの決め手「5つの積極トーク」とは?

決断に導くタイミングはココ!

No.1

切り出すタイミングで勝負が決まる

小さな同意を取り付けながら様子を見る

クロージングとは商談の締めくくりに、営業マンの提案に対してお客さまの確約を取り付けることです。

クロージングは早すぎても遅すぎても成功しません。タイミングが命です。

お客さまが、

「こうしてほしい」と要請してきたり、

「これではいけないですか」と許可を求めてきたり、

「いつ頃手に入りますか」などと時期を気にして質問してきたりしたときが、

テストクロージングのチャンスです。

このときにも一気に契約を迫ってはいけません。

お客さまに合わせて、

営業「やはり最初にご覧いただいた商品のほうが用途に合いそうですね」
顧客「そうだね」
営業「もちろん、○○様も同じご見解でいらっしゃいますね」
顧客「まあね」
営業「当然、ご家族にも喜んでもらいたいと思われますよね」
顧客「それはもちろん」

と反論が出ないことを確認しながら、小さな同意を取り付けていきます。

反論が出れば質疑応答で乗り越え、もう一度、製品を購入する利益を要約します。

確認のイエスを取れば、お客さまは購買行動という目的に向けて一気に進みます。

無理にクロージングしようとすると、反論が出てくることもしばしばあります。

このときには反論を克服するために、お客さまの利益の要約を繰り返した後で、契約に向けてアプローチします。

「クロージング↓　反論への応対↓　利益の要約↓　クロージング」

という流れになります。

No.2 弱気な心を退治しよう

クロージングに臨むときの3つの姿勢

クロージングの際、営業マンにとって最大の障害になるのは、「うちの商品は他社に負けているのではないか」、「断られたらどうしよう」という不安です。

これは、お客さまに拒絶されることへの恐れに直結します。確信がもてないと声が小さくなったり、猫背になったりして、うまくアプローチできません。

クロージングを成功させるには、アプローチの姿勢がとても重要なのです。

次の3点を意識して、商談を成功に導きましょう。

①商品・サービスに自信をもつ

「お客さまは購入してくれないのではないか」という消極的な姿勢では、売れるものも売れなくなります。発言が弱腰になり、お客さまの利点を印象づけることができなくなるためです。営業マンが「この製品はすばらしい」と確信してお勧めするからこそ、お客さまは買うメリットを感じるのです。

「必ず購入していただける」という積極的な姿勢が、お客さまの心を動かすのです。

②お客さまの利益をステップごとに要約する

お客さまの利益はたくさんありますが、お客さまが同意した利益のみに絞り込んで、利益を要約して伝えていきます。この際は、簡潔に説明することがポイントになります。

お客さまは、何度か利益を確認するうちに自分で納得してゆきます。

③次の行動を促す

利益を要約し、小さなイエスを取り付けていくことで、お客さまの不安はなくなります。いよいよ購入できる準備が整ったところですかさず、

「いつ、納めさせていただければよろしいでしょうか」

「○○様の都合の良い日はいつでしょうか。今週と来週とではどちらがよろしいでしょうか」

「在庫をチェックさせていただきました。明日にでも納入できます」
と、促します。

焦って失敗しないための注意点

また、目標達成に気持ちが向いて、お客さまに無理強いするなどということは禁物です。最後まで、お客さまの役に立つことを考えて、実直に進めていきましょう。リラックスして臨めば結果はついてきます。

とくに次のような点を心がけて克服してください。

- 話を誇張しない
- 「失敗するのではないか」などと悲観的にならない
- お客さまとの言い争いは避け、同意の話法を使う。「そうですね」「おっしゃる通りです」「同感です」「なるほど」など
- 他社の批判は営業マンの品位を疑われる。他社を賞賛するくらいの余裕をもつ

クロージング成功のベースとなる3つの姿勢

❶商品・サービスに自信を持つ

「4つの自信」(→77ページ)を持ち、
お客さまを満足させることに集中する

❷お客さまの利益を要約する

お客さまが同意した利益に絞り込んで要約していく。
利益を何度か確認するうちに、お客さまは納得する

❸お客さまに、すぐに次の行動を促す

お客さまが購入する準備が整ったら、
すぐに納品の日取りを決めるなど、次の行動に移る

クロージングで失敗しないための注意点

☐ **話を誇張しない**

誇張しすぎると、商品の価値を下げてしまうので要注意

☐ **「悲観的な考え」は封印する**

「失敗するのではないか」と考えていると、実際にうまくいかなくなるため

☐ **「そうですね」など、同意の話法を使う**

言い争いは避ける。「なるほど」「同感です」など、お客さまを尊重しよう

☐ **他社の批判はしない**

他社の批判は品位を疑われる。他社の長所も認めるくらいの余裕を持つ

No.3

商談を成功させる“5つの積極トーク”

お客さまの関心事を予測する

クロージングでは、常にお客さまの関心事に焦点を合わせましょう。お客さまの状況を正しく“診断”して“処方箋”を出すためにも、次のような心構えが必要です。

□事前準備を万全にする

お客さまの反論をあらかじめ熟考し、質問の仕方や対応方法を練ります。お客さまの情報をもとにして、製品のどのようなところが利益になるのか分析し直します。

□熱心に、情熱的に取り組む

この段階にきても、お客さまはまだ、購買行動に移る決心がついていません。お客さまのためらいを助長しないためにも、自信にあふれた熱心な姿勢で臨みましょう。

□買いの兆候を見逃さない

お客さまの正面に座って反応を伺い、表情やしぐさから購入の兆候をキャッチします。即決によってお客さまの損失を最小限にできることを強調します。

□契約に向けて粘り強く進める

トップ営業マンであっても、お客さまからの反論は出ます。お客さまからの大切な質問ですから、弱腰にならずに乗り越えましょう。饒舌である必要はありません。お客さまのニーズの核心に触れるよう、質問を交えながら契約へと導いていきます。

お客さまの判断をラクにする5つのトーク

クロージングを積極的に押し進めていく方法は5つあります。

①商品購入を前提に話を進める

お客さまに「買ってください」などと売り込んで、すぐに決めてもらえることはほとんどありません。ですから、「お客さまは商品を購入する」という前提で話を進めていき、黙って聴いていれば承諾したことになるよう導いていきます。

強すぎる要求をしてノーを引き出さないよう、心理的抵抗の少ない質問で小さなイエスを取り付けていきましょう。

その❶納入スケジュールを立てるよう促す

営業「納得していただけましたら、納入日程と設置のスケジュールを立てましょう。本日、発注していただきますと、一週間で納品できますので、すぐに取付け工事をしてよろしいでしょうか」

顧客「えっ、そんなに急がなくてもいいよ」

営業「早いほど損失を最小限に抑えられます。もし遅らせれば、リース料以上のコストを毎月負担しなければなりません。この商品に関しては、前倒しで計画されるのが得策です」

その❷カラー見本を見せて、具体的に話を進める

営業「今までは、どちらかといいますと淡色系を使用されていたので、今度はダーク系の色にされますか」

お客さまの決断の後押しになる5つのトーク

①商品購入を前提に話を進める

お客さまは商品を購入する、という前提で話を進めていく

②二者択一の質問をする

二つの選択肢から一つを選んでいただく方法。
どちらの選択であっても購買行動に結びつくように質問する

③承諾を先取りして話を進める

営業マンのほうで、お客さまが商品を購入しやすいように
条件を整えて話を進めていく

④買いたくなるように誘導する

今が買いどきだと思えるようなメリットを強調して、
購入するよう決断を迫る

⑤切迫感を感じさせる

今買わなければ不利益を被る、と感じさせるよう話していく

顧客「それは購入するときに考えるよ」

営業「そうですね、こちらのカラー見本をご覧ください。ダーク系のカラーも種類が増えまして、今人気があるのは○○色です。○○様が以前ご購入されたときとは異なりダーク系の色が人気が出ています。現在ご使用のものも値崩れしませんし、よいタイミングだと思います」

顧客「……」

営業「好条件で購入していただけることをお約束します。ぜひこの色を使ってみてください。必ず気に入っていただけると思いますが」

②二者択一の質問をする

お客さまに質問して、二つの選択肢の中から一つを選んでいただくやり方です。商談を進めていき、お客さまが商品を買いたいという思いが強くなってきたときに、たたみかけます。質問に答えれば購入する気持ちがあるということになります。

購入が前提になるため、買う、買わないと判断してもらうわけではありません。どちらの選択であっても購買行動に結びつくように質問するのがポイントです。


「今回、購入されるのは赤ですか。こちらの白ですか」

「納入日は、休日前のほうがよいですか。それとも休日後でよろしいでしょうか」

「一括でお支払いになりますか。それとも分割になさいますか」

「サイズはAがよろしいでしょうか。Bがよろしいでしょうか」

「お届けは明日がよろしいでしょうか。それとも水曜日がよろしいでしょうか」

「お支払いは現金にいたしましょうか。ローンになさいますか」

③承諾を先取りして話を進める

営業マンのほうで、お客さまが商品を購入しやすいように条件を整えておきます。

商品を倉庫に配送する手はずを整えたり、申請書類を用意しておくことで、お客さまが「うん」と言いやすい状況をつくり出します。ときには、契約書を取り出して、契約書にサインを求めます。優柔不断なお客さまにはとても効果のある方法です。

「とりあえず、納期に間に合うものを仮押さえしております」

「申請に必要な書類を全て準備しておりますので、こちらに署名と捺印をしていただくだけで結構です」

「今日から、サービスをご使用いただけるように手配しております」

「○月○日の午前中であれば納入できますが、当日はいらっしゃいますよね」

「事前審査はパスしておりますので、ご安心ください。あとは機種を選んでいただくだけということで」

④買いたくなるように誘導する

今が買いどきだと思えるようなメリットを強調します。サービス価格で提案できる、オプションがつく、などとアプローチします。


「今お求めになればお得ですよ。○○の特典がつきます」

「キャンペーン中なので、この商品に限って、通常より3割安になっております」

「特別に、○ヵ月間のメンテナンスは、50％オフにさせていただきます」

「10日間ご使用になってください。お気に召さなければ引き取らせていただきます」

⑤切迫感を感じさせる

今、買わなければ、不利益を被ると感じさせるように話します。「利益をつかみ損なう」、あるいは「入手できなくなる」などと、お客さまに緊急性を訴えます。


「大変、人気のある商品のため、残りの在庫が少なくなってきております」

「今、承諾していただけないと、ご希望の期日までに納入できません。今、お返事をください」

「限定生産です。現物が数点残っているのみです。これをお持ち帰りください」

「加入したいときに簡単に加入できるものではないので、このタイミングにお勧めするのです。どうぞ、サインしてください」

「今が底値ですから値上がりは時間の問題です。またとない機会を逃す手はありません」

NO.4

このタイミングで一気に売り込む！

お客さまが購入を決断しようとしているサインは、身振り手振りから推測できます。適切な時機に適切な方法でクロージングすれば、必ず契約を勝ち取ることができます。〝5つの積極トーク〟を組み合わせて使いながら、適切なタイミングで売り込みましょう。

商品のメリットについて、熱心に質問してきたとき

お客さまが購入後のイメージを描くために、「納得できる証拠を集めたい」と考えはじめている段階です。購入の期待感を高めるようなアプローチをしましょう。

「一つひとつのご質問を、明確にさせていただきます。可能な限り、ご希望に沿うようご用意させていただきます。……このような手配内容でよろしいですね」

この12のタイミングを見逃さない！

- 商品のメリットについて、熱心に質問してきたとき （→P182）
- 見本を手にとって、熱心に話を聴き始めたとき （→P184）
- 体を乗り出してきたとき （→P185）
- 「現物を見たい」と言ってきたとき （→P186）
- 購入後のアフターサービスについて触れてきたとき （→P187）
- 商品の在庫や保管について尋ねてきたとき （→P189）
- 周囲の人に相談し始めたとき （→P190）
- 真剣に値切り始めたとき （→P192）
- 他の購入者の情報を尋ねてきたとき （→P193）
- 他社のカタログを出してきたとき （→P194）
- 営業マンの話の腰をたびたび折るとき （→P195）
- 黙り込んで、ため息をつき始めたとき （→P196）

Point

契約のサインが見えたら
着実に決めよう

「わかりました。それでは○○様、差し支えなければ私を信頼していただいて、全てお任せいただけますか。ご期待を裏切るようなことは一切いたしません」

見本を手に取って、熱心に話を聴き始めたとき

商品のよさを実感したいと感じている段階です。お客さまの知りたい情報を把握し、一気にクロージングするチャンスです。どの点で納得できれば購入するのか、上手に聞き出しましょう。

「ご覧いただいておりますように、非常にクオリティの高いものです。実際にご使用いただいて、快適さを味わっていただければと思います。どこか、気になる点はございませんか」

「いかがでしょうか。良いものでしょう。サンプルだけで感触をつかんでいただくのは難しいのですが、実物はその数倍、気に入っていただけると確信しております」

なお、お客さまが見本を見ているときは、話し始めるまで営業マンから話しかけないなど、沈黙しているのも一つの手です。

「いかがですか。気に入っていただけましたか。特に気がかりな点がなければ、この内容でお願いします」

体を乗り出してきたとき

腕を組んだり足を組んだりしているときは、防御が働いている状態です。

一方、組んでいた手や足を解いて、身を乗り出している状態は、受け入れ体制ができたという証拠です。お客さまの欲求の度合いが強くなってきたときに見られます。

即決を促しましょう。

「どのプランにいたしましょうか。よくご覧ください。こちらがAで、こちらがBです。私は、お客さまが希望していらっしゃったBのほうをお勧めします」

「真剣に検討していただいていると思いますが、もうすでに○○様ご自身でお答えは出ていらっしゃいますね。では、こちらのほうを（書類関係を指して）お手続きさせていただいてよろしいですね」

「現物を見たい」と言ってきたとき

まずは、お客さまにご覧いただける現物があるかどうかを確認します。デモンストレーションできるのか、できないのかによって対応を変えます。

①現物がある場合

「承知いたしました。すぐに手配いたします（携帯で連絡を取る）。ご覧いただいた上で、問題がなければ決定ということでよろしいでしょうか」

②現物がない、あるいは入手しづらい場合

「現物を見ていただけるよう努力いたしますが、なにぶん品薄なもので……。現物がな

い場合は、他のお客さまに貸していただけるよう手配いたします。しかし、無理な場合には、カタログ上でご判断いただくしかありません」

「申し訳ございません。○○様がご購入いただいたものにご期待ください。他のお客さまにも、そのようにお願いしております」

③契約をほのめかす

「ありがとうございます。それでは早速、現物をご用意いたします。ご契約に必要な書類も一式、お持ちしてよろしいですね」

購入後のアフターサービスについて触れてきたとき

お客さまが購入後の特典について具体的な内容を知りたがるということは、購入に対して積極的になっているともいえます。できることと、できないことを明確にして正直に伝えましょう。

お客さまは「購入後の維持費は安いか」、「スピーディーに対応してくれるシステムがあるのか」、「保証期間と保証内容はどうか」など、さまざまなことを知りたいと考えています。営業マンのほうからお客さまにどのような内容を知りたいのか質問していきましょう。

また、お客さまの疑問に対しては、正しい情報を伝えることが肝心です。営業マンの勝手な思い込みで答えてしまうと、お客さまの信頼を失ってしまいます。

あらかじめお客さまの疑問を予想して、必要な情報を準備しておきましょう。

①誠意をもって対応することをアピールする

「アフターサービスは万全でございます。○○様は具体的に、何をお知りになりたいですか」

「保証内容でしょうか。対応が早いか遅いかということでしょうか。アフターサービスは格安で実施させていただいておりますが」

②サービスできる範囲内で手を尽くす、とアピールする

「購入後のフォローはお任せください。万が一、私が不在でも、代わりの者で十分に対

応させていただきます。アフターフォローがご心配ということでしたら大丈夫です。安心してお決めください」

商品の在庫や保管について尋ねてきたとき

契約する絶好のチャンスです。納入時期を会社に問い合わせ、お客さまの手元にいつお届けできるのか確かめます。確約できる時期をお客さまに伝えて契約に持ち込みます。

①会社に問い合わせる

営業「ただ今、本社の物流センターに確認してもよろしいでしょうか」
顧客「欲しいと思っている商品の在庫はありますか」
営業「一応、○○様にお邪魔させていただく前に、何種類か在庫の確認はしてまいりました。おそらく大丈夫だと思います。在庫がありましたら押さえてもよろしいでしょうか」

②商品の希少価値を強調する

営業「はい。えー、非常に残り在庫が僅少になってきていることは確かです。受注していただく前提で、在庫を確認したいと思いますが、いかがでしょうか」

顧客「仮押さえということですか」

営業「仮押さえでないとまずいでしょうか。他の営業マンからの引き合いがある場合には、仮押さえですと受注優先となってしまいます。勝手なことを申し上げるようですが、まずは結論を出していただいてから、商品を押さえたいと思いますが」

周囲の人に相談し始めたとき

かなりの脈がある証拠です。

注意しなければならないのは、周囲の人が協力的か否かで、結果がプラスにもマイナスにもなることです。

なるべくお客さまの会社で商談するのは避けたほうがよいでしょう。自分の土俵で戦えないというリスクがあるからです。周囲の人は当事者ではないため、無責任な意見を言うことがあります。

営業マンが主導権を取れるように、できればお客さまとは社外で会うほうがよいでしょう。なお、営業マンが主導権を握っていれば、周囲の人がネガティブな意見を述べても、よい方向に巻き込むことはできます。周囲の人の意見を味方につけていきましょう。

営業「ぜひ周りの方にも、決断理由を話してみてください」
顧客「彼らは何て言うかな」
営業「○○様のお気持ちは、すでに固まっていらっしゃるのですから、賛成していただけるのではないですか」
顧客「それもそうだな」
営業「ご質問がありましたら、○○様に代わって私もご説明させていただきます。もしかしたら、相談を聞かれた方も、購入したくなるかもしれませんね」

真剣に値切り始めたとき

お客さまは決断のきっかけを求め始めています。予算内なら購入するという場合は、可能な範囲で希望を聞き入れてもよいでしょう。お客さまの希望に全て従うわけではありませんが、歩み寄る姿勢も信頼関係を構築するうえでは大切です。

①お客さまの声に、歩み寄る姿勢を見せる

顧客「無理に安くしてほしいというわけではないんだ。予算内に収めたいという気持ちもわかってもらいたいのだが……」

営業「わかりました。精一杯やらせていただきます。ご希望の金額はいくらぐらいでしょうか」

顧客「実は……」

②お客さまが得られる利益を再度、強調する

「ご購入の費用よりも、購入にかけたコストを早い時期で回収できる利点を重視してく

ださい。他の製品では、ここまで結果を出すのは無理です」
「機能性重視ですので、コストぎりぎりです」

他の購入者の情報を尋ねてきたとき

「他の人の評価を知りたい」、「使用後の感想を聞きたい」などとお客さまが求める場合は、購入後の安心材料が欲しいと考えてよいでしょう。

利用者の声のリストがあればお見せします。もし、用意されていなければ、事実に基づいて営業マンが作成します。たいてい、何らかの情報源が会社にあるはずです。資料をコピーして見栄えのよい資料にまとめ上げ、買う理由を提供しましょう。

「ご安心ください。多くのお客さまに大変ご満足いただいております。愛用者の声をリストにしてきましたのでご覧ください」
「今までに購入していただいた方たちが、成果を上げた実例です。これはほんの一部です。もっと多くの方たちが効果を体感していらっしゃいます。ご期待ください」

他社のカタログを出してきたとき

基本的には、正面から取り合うことなくサラッと対処してください。前にも述べたように、他社商品を批判せずほめるぐらいの余裕をもちます。

①自社製品の購入を前提に話を進める

「○○社も、なかなか健闘していますね。お客さまが比較されるくらいですから、我が社も、うかうかしていられません。こういう点でも、私どもの商品を選んでいただいて感謝いたします」

「他社もご検討なさったのですね。いかがでしたか。そこまで詳しく調べられたうえでの結論ということですね……、ありがとうございます。弊社の商品の良さをご理解いただけたことに感謝いたします」

②軽いジョークを交えて

「当社の商品にお決めいただいたことに変わりはないでしょうから、そちらの資料は私に処分させてください。また、心変わりされては困りますので……」

お客さまと信頼関係をしっかり築けている場合は、こういう言い方もありでしょう。

「君も思いきったことを言うな。まあ、君の言う通りだ。いさぎよく君の提案に乗るよ」

とお客さまをうならせるトークです。

営業マンの話の腰をたびたび折るとき

表面的な言葉にとらわれないことが大切です。

お客さまが話の腰を折るのは何か言いたいことがあるからです。理解できていないことを確かめたいのか、気持ちが固まったので、まわりくどい話は聞きたくないなど、早く結論を出したいというシグナルを送っているケースがほとんどです。

①イライラした様子を見せているときには、即決を促す

「もう、これ以上の説明は不要ですね。早速、手続きに入ってもよろしいでしょうか」

②補足説明が必要かどうかを尋ねる

「細かな内容についての説明はもうよろしいでしょうか。補足すべき点がございましたら説明いたしますが……。もしなければ、ご契約に必要なことを中心にお話しさせていただきます」

黙り込んで、ため息をつき始めたとき

お客さまが黙り込んだら営業マンも黙りましょう。これを「沈黙のクローズ」といい、最低1分間は沈黙します。この間、お客さまは購入に向けて心の準備を整えています。数秒の沈黙でも、初めは非常に長く感じるかもしれません。お客さまが話し始めるまでは、話しかけたりせずに待ちましょう。

①お客さまの沈黙の後で促す

「いかがですか。この内容でよろしいでしょうか（沈黙約1分）」

「これで、ご注文のほう、お願いいたします（沈黙）」

この後に、お客さまから反論が出たら、利益説明をしてテストクロージングし、締結にもっていきます。

②利益説明をして、テストクロージングする

「もう一度、内容を確認させていただきます。お支払いは、○○○で、納期は○○、次の月から、生産性が20%向上しますね。毎月のご負担は、生産性がアップするので、差益が出ることになるわけです」

「同額を預貯金でまかなうと、お支払いの○○倍が月々のご負担になります。商品の重要性はご理解いただいておりますので、お支払いの額を算出して、無理のないところから始めてもいいと思います。後々、増額できるときにお考えいただければ……」

No.5

さらに売れる営業マンになるには？

不測の事態への対処法を用意する

営業の現場では、常に「もしこうなったら」と考えて準備しておくことも大切です。

・面談が長引いたら
・予定以外の人がプレゼンテーションを聞きにきたら
・想定していたほど、お客さまが決定権を持っていなかったら
・競合他社が食い込んできたら

たいていは起こりもしない「もしも」ですが、あらかじめ考えておけば自信を持って営業をコントロールできます。不測の事態にスムーズに対応できる営業マンは、当然お客さまからの信頼も高まります。

営業に障害はつきものです。あらかじめシナリオを立てておくことで、何が起きても落ち着いて問題解決することができるのです。

つい見逃しがちな、この点を克服しよう

お客さまの問題が明確になっても、なかなかクロージングに結びつかないことがあります。この場合、営業マン自身が問題を引き起こしている可能性があります。

商談が進まない原因が自分にないかどうか、次の点を見直してみてください。

□話し方に問題はないか

しゃべりすぎ、言葉が足りない、曖昧に表現しているなどの問題点はありませんか。

□クロージングの準備に問題はないか

提供している情報は、正確かつ、お客さまが必要としているものでしょうか。納入のスケジュールを自己都合で組むなど、思慮に欠けていませんか。

□フォローアップに問題はないか

小さな約束でも破ってしまえば、信用してもらえません。営業する際には、お客さまに頼まれた資料の提出日を守るなど、こまめに心配りしましょう。

□目標設定に問題はないか

非現実的な目標になっていませんか。お客さまが営業目標の犠牲になっていないか、きちんとチェックしてください。

□お客さまの拒絶を恐れていないか

恐がっていてはいつまでたっても契約できません。実践で鍛えていきながら、成功体験を積んでいきましょう。

□誇張して伝えていないか

大げさに演技をしたり、パフォーマンスしたりすると、お客さまは不信感を持ってしまうので注意してください。誠実に対応し、末永くお付き合いしていくパワーパートナーであると認識してもらいましょう。

□お客さまと性格上の衝突はないか

すべてのお客さまと相性が合うとは限りません。相性が悪い場合には、担当者を変えたほうがいいこともあります。この場合には、上司などに相談してみるのも手です。

クロージング時の心構えとは？

態度

- □ あわてない、緊張しない
- □ 神経質にならない
- □ 悲観的な態度を取らない
- □ 議論しない

商談に臨むときの注意点

- □ 余分なことは言わない
- □ 否定語（でも、けど、しかし等）は使わない
- □ 主導権はセールスマンが握る
- □ 条件についても弱腰にならない
- □ 物ほしい態度は取らない
- □ お客さまから注意をそらさない
- □ 最後までお客さまと付き合う決心をもつ
- □ 引き際も肝心、長居はしない
- □ 策略に引っかけようとはしない
- □ ときには、とことんお客さまに話をさせる

Point

体勢を整えて、
自信をもって提案しよう

6章

契約成立後は見込み客を得るチャンス

お客さまが途切れない秘訣とは？

No.1

契約が成立したときから次の営業がはじまる

今までお客さまとどう接してきたか？

トップ営業マンは、お客さまから絶大な支持を得ています。一回の営業活動で、お客さまと生涯お付き合いできる人間力を備えているからです。

購入していただき、お客さまに感謝する営業マンは数多く存在します。しかし、お客さまから信頼され、相談相手として頼りにされる営業マンは、そうたくさんはいません。

あなたはどんなタイプの営業マンですか。

- **お客さまに支持してほしい、と考えているタイプ**
- **お客さまの期待に応えてゆきたい、と考えているタイプ**

前者のタイプは、ＦＯＲ　ＭＥ（私のために）という営業形態。契約を取ることだけを目的にしている刈取りセールスです。お客さまを引っかけたりねじ伏せたりすることに力を注ぐため、お客さまから嫌われます。

契約をもらっても、その場限りで終わりの関係を繰り返すため、またゼロから開拓していかなければなりません（いざ契約となったときに黙り込み、固唾をのんでお客さまのサインを見守っている人はこのタイプに多いかもしれません。余計なことを言ってお客さまの気が変わったらどうしようとビクビクしてしまうのです）。

後者のタイプは、ＦＯＲ　ＹＯＵ（あなたのために）という理想的な営業形態です。いつも「どうすればお客さまに喜んでもらえるか」と真剣に考えています。

ご縁があったお客さまは宝物のように大切にしてゆこうと考えており、間違っても「嘘」を言うなど信頼を損なうような売り込みはしません。

このタイプの営業マンは、今のお客さまから次の見込み客を得ることが多いこともあり、買っていただいたときからさらなる営業が始まると確信しているのです。

契約直後に紹介を頼むトーク

即座に声がけしてOK

お客さまに支持される営業マンは、一人のお客さまから何人もの見込み客を発掘することができます。営業活動を通して、お客さまとしっかりした信頼関係を結んでいるので、知り合いを紹介していただけるチャンスに恵まれているのです。

売り切って終わりにするのではなく、次のセールスにつなげるためにも、契約時には次のように尋ねましょう。

「○○様は、多くの方々とお付き合いがおありだと思います。どなたかに商品（サービス、システム）を教えて差し上げたいと思われますか」

このように質問することで、契約の気持ちを固めてもらうことにつながります。納得して購入していただいているかの感度確認にもなります。

「よかった」と感じて契約していれば、答えは「イエス」しかないはずです。ときには、「商品を使用してみないと、人に知らせたいという気持ちは起きない。とにかく、契約するだけでいいでしょう」という答えが返ってくるかもしれません。

それでも、しつこくならない程度に尋ねてみることには意味があります。

新規顧客をゼロから開拓するのは大変です。「知人と親しい営業マン」ということであれば、相手が安心感をもって接するため、信頼関係を築きやすくなります。

お客さまによっては、「ここまで情熱的なら紹介してもいい」という気持ちになることが多いのも事実です。

紹介を頼むパターンは、主に次の3通りがあります。

①紹介を頼む

「○○様は、お顔が広いと思いますので、どなたかご紹介してください」

「親しい方をご紹介ください。謝礼を差し上げます」

「親戚の方か、お知り合いで関心をもっていただけるような方はいらっしゃいますか。お名前と連絡先を教えていただければ、○○様には責任をもって、決してご迷惑がかからないようにご案内させていただきますので」

②口添えを頼む

「グループ会社か系列会社にも、お邪魔させていただいてよろしいでしょうか。（相手の承諾を得たら）それでしたら前もって、□□社の佐藤が伺うということを、お話ししていただけますか」

③紹介状（コメント）を書いてもらう

「いただいたお名刺に、紹介コメントを書いていただけるとありがたいのですが」

なお、ご紹介いただいた場合でも、お客さまの名前をお知らせしてもよいかどうかは、きちんと承諾を得ておく必要があります。必ずお客さまに確認してください。

アフターフォローで紹介を得るトーク

定期点検などでアプローチする

商品を購入していただいた後、必ず行うのがメンテナンスなどを含めたアフターフォローです。このとき、使用感を聞きながら、新たなお客さまを紹介していただけないか尋ねてみましょう。

「いかがですか。製品はお役に立っているでしょうか。このシステムの導入で、○○様のお仕事がはかどると伺いまして、非常に嬉しく思います。ここまでご満足いただきましてありがとうございます」

と述べ、次のように尋ねます。

「よろしければ、○○様の大切なご友人にも同じようにご案内させていただきたいと思います。同窓の方でどなたか、私がお邪魔してもよい方はいらっしゃいますか」

紹介していただいたら、お礼を忘れずに

お客さまのご紹介者とコンタクトをとった後は、必ず報告してお礼を言いましょう。次の方を紹介していただくことにもつながります。

①お礼かたがた、粗品を差し上げる

「先日は、お知り合いの方を紹介していただき、ありがとうございました。早速、お邪魔したところ歓迎されまして、○○様との深い人間関係に感銘いたしました。喜んでご契約いただきました。これはほんの気持ちです。今後とも精一杯頑張らせていただきます。またいろいろおっしゃってください。ベストを尽くさせていただきます」

②契約に結びつかない場合でもお礼を言う

「先日はありがとうございました。早速、□□様のお宅へ伺って参りました。ご契約には至りませんでしたが引き続き、フォローさせていただき、いずれお世話させていただきたいと存じます。これで終わりにしないで頑張ります」

行事・イベントを通して紹介を得るトーク

昇進・昇格時や記念日などに、心配りを

営業実績を上げたいと思っている営業マンであれば、お客さまの情報を詳細に把握しておくことは欠かせません。

お客さまによっては深い付き合いを好まない方もいますが、昇進・昇格やお子様のご入学時など、節目ごとに連絡を差し上げると喜ぶ方は多いようです。自分のことを気にかけてくれているという満足感が、営業マンへの好意に変わるからです。

ご本人の誕生日や、ご家族の誕生日にバースデーカードを贈ったり、電報を打ったりするとよいでしょう。次のような電話を入れても印象的です。

「お誕生日おめでとうございます。この一年が○○様にとって、さらなるご発展の年になりますようお祈り申し上げます」

お客さまの行事や節目になるのは213ページの通りです。効果的にアプローチし

てお客さまの心をつかみましょう。

イベントに招待する

自社で行われるイベントにお客さまを招待します。お誘いするときには、イベントに来るメリットをお話しします。目新しい情報がある、プレゼントを用意している、特別な購入条件がある、などいろいろな営業トークを考えられます。

なお、案内状は開催日ぎりぎりに届くように送るのではなく、日程に余裕をもって送りましょう。お客さまに、ばたばたと慌てさせることのないような配慮が必要です。

①プレゼントを用意していると伝える

「新製品のご披露です。今すぐご検討いただきたいというわけではございませんが、ご覧いただいておいても損はありません。心ばかりの品をご用意しております。お子様の○○ちゃんとご一緒にお越しください。プレゼントを差し上げます」

②新しい情報があるとアピールする

お客さまの行事に合わせたアプローチ法

昇進、昇格されたとき

会場に花束をもっていったり、
生花のスタンドを贈るなど

お子様のご入学、ご進学時

電報を送ったり、記念品を届ける。
日ごろから、お子さんについての情報を入手しておこう

お子様の運動会など

率先して雑用係をかってでたり、
家族共に参加したりすることで信頼が深まります

個展

必ず見にいく。できれば、作品も購入するとよい

渡航、帰国時

餞別をお渡しするか、海外で入用になりそうなちょっとしたものをもって見送りにゆく

新築されたとき

菓子折りをもってお邪魔する。なお傘立てや、時計を贈呈する場合は、あらかじめ贈ることを伝えておこう

新社屋の落成式

菓子折りをもってお邪魔する

Point

**こまめな心遣いで
新しいお客さまを開拓していく**

「もうご存じかと思いますが、いよいよ□□がデビューしました。ぜひご覧になってください。他社に先駆けてお出しする商品ですので、情報として十分価値のあるものです。お客さまのお越しをお待ちしております」

「世界初とも言える自信作が誕生いたしました。これもひとえに、ご支援いただいているお客さまのおかげです。商品のご紹介イベントは、明日、明後日と開催しており、私は両日ともおります。ご家族そろってお出かけください。楽しみにお待ちしております」


お客さまがいらしたときに必ず対応できるよう、ゆとりをもってスケジュールを立てましょう。お客さまがいっせいにお見えになり、一人で対応できないときには、信頼できる同僚や上司などにサポートを依頼します。

来場されたお客さまは、初めのうちは買う気はなくても、見込み客になる可能性はいくらでもあります。「今日はお呼びしただけだ」と心得て、かたくなに構えないことが肝心です。どのような質問にも柔軟にお応えできるよう、適度な緊張感をもって対応しましょう。

おわりに

私自身、器用な営業マンではありませんでした。

トップの成績を収めるようになってからも、より的確な提案ができるようセールス手法を見直すなど、お客さまのご要望にお応えするよう心がけてきました。

最初から、腕利きの営業マンなど存在しません。自分が成長することで、お客さまに最高の提案ができるようになり、喜んでいただける——。これこそが営業マンにとっての使命であるとすら思えます。

「あなたと縁ができて嬉しい、本当にありがとう、感謝するよ」とお客さまが言ってくださることが、営業の醍醐味です。是非とも、日々、お客さまに貢献できるようにご自身を磨き上げていっていただきたいと思っております。

なお本書は、ロングセラーとなった拙著『「セールストーク」の基本&実践力がイチから身につく本』をもとにして加筆、修正したものです。どの項目からでも読める作りになっていますので、初心者の方はもちろん、苦手な分野を克服したい方にもご活用いただけます。

この本を手に取られたあなたの人生の成功を、心からお祈りしています。

松田友一

著者略歴

松田友一（まつだ・ゆういち）

●——中央大学卒業。国内最大手自動車販売会社に入社。新人賞の受賞に始まり、全国年間優秀営業マン表彰受賞等々、数々のタイトルと賞を総なめにする。

●——1990年に同社を退職し、米国系研修会社に入社。国内はもとより、米国、香港等でトレーナーとしての訓練を重ねる。1994年前人未到の世界記録で、世界NO.1トレーナーとして承認される。1998年国内研修会社に移籍。

●——2002年ASKグローバル・コミュニケーション株式会社創業、代表取締役としてトップ営業マン及び経営者の育成に力を注いでいる。2010年ASKアカデミー・ジャパン株式会社設立、C.B.D（取締役会長）に就任。これまでの受講者は延べ231,600人を超える。

●——著書に『成功を約束する営業トークトレーニング（生講演ＤＶＤ付）』（中経出版）、『実践！ セールストークの鍛え方』（ＰＨＰビジネス新書）、『営業の「超」基本！ 50』（小社）、『“気づく”ことが人生の成功を“築く”』（ギャップ・ジャパン）などがある。

ASKアカデミー・ジャパン株式会社
〒170-0005　東京都豊島区南大塚3-12-9　喜多ビル５Ｆ
（ＴＥＬ）03-5956-7811　（ＦＡＸ）03-5950-7045
（ＵＲＬ）http://www.ask-gc.com　（Mail）info@ask-gc.com

セールストークの「超」基本！ 70

2014年 8月24日　第1刷発行
2017年12月 7日　第3刷発行

著　者　松田友一
発行者　徳留慶太郎
発行所　株式会社すばる舎
〒170-0013　東京都豊島区東池袋3-9-7 東池袋織本ビル
TEL 03-3981-8651（代表）
03-3981-0767（営業部直通）
振替　00140-7-116563
印　刷　株式会社シナノ

乱丁・落丁本はお取り替えいたします。

ISBN978-4-7991-0364-7